岩 波 文 庫

34-151-2

経 済 原 論

宇野弘蔵著

序

本書は、昭和三十三年以来法政大学社会学部で講義してきた経済原論を書き直したものである。篇別構成は、旧著『経済原論』と同様になっているが、内容は、極めて簡単になると同時に改善されているので、ずっとわかり易くなっていることと思う。旧著『経済原論』と同様に「私が『資本論』から学んだものを私自身の考えとして述べたものである」が、旧説に多少訂正を加えた点もある。

旧著『経済原論』は、予想以上に多くの人々に問題にされ、種々なる批評を受けてきたのであるが、根本的には、それがために改めなければならないという点はなかったように思っている。たしかに私の説明に不十分なるものや、不精確なるものがあって、そのために生じた誤解も少くなかったようであるが、しかし多くの批評は、『資本論』に謬りがあるはずはないという立場でなされたのであって、『資本論』に対する、私の種々なる疑問は、解かれないでむしろ確かめられることになったのであった。もちろん、私は『資本論』を排撃しようとするものではない。機会のあるごとに明らかにしてきたように、私の経済学は、その根本において、『資本論』から学んだものにほかならない。

しかし『資本論』をイデオロギーの書として、これを如何《いか》なる批判に対しても擁護しようというのは、これを読みもしないで排撃するのと同様に、『資本論』の偉大なる科学的業績を現代に生かすものではないと思っている。『資本論』における問題点は問題点として明らかにしてこそ、『資本論』に学ぶこともできるのである。また古典経済学を徹底的に批判して確立されたマルクス経済学を措いて、経済学の基本的概念は得られるものではない。『資本論』は古い、などといって済ませるものではないのである。『資本論』を科学の書として、できうる限りこれに学ぶというのが、私の念願である。

旧著『経済原論』は、元々この全書の一冊として書き始めたのであるが、当時はなお私には、こういう簡単なる形で経済原論をまとめることができなかったのであった。今ようやくそれを実現することができたのであって、私はこれを機会に旧著『経済原論』の全面的な再検討にかかりたいと思っている。本書で説きえなかった諸問題を、なお詳細に論究したいと思うのである。

昭和三十九年三月二十三日

宇野弘蔵

目次

序
序論……9
第一篇　流通論……27
第一章　商品……29
第二章　貨幣……38
第三章　資本……47
第二篇　生産論……57
第一章　資本の生産過程……59
第一節　労働生産過程……59

第二節　価値形成増殖過程……63
第三節　資本家的生産方法の発展……75
第二章　資本の流通過程……93
第三章　資本の再生産過程……110
第一節　単純再生産……110
第二節　拡張再生産……115
第三節　社会総資本の再生産過程……128
第三篇　分　配　論……151
第一章　利　潤……155
第一節　一般的利潤率の形成……155
第二節　市場価格と市場価値(市場生産価格)……171
第三節　一般的利潤率の低落の傾向……180
第二章　地　代……193

第三章　利　子……214
第一節　貸付資本と銀行資本……215
第二節　商業資本と商業利潤……227
第三節　それ自身に利子を生むものとしての資本……235
第四節　資本主義社会の階級性……240
解　説……(伊藤誠)……247
索　引

序　論

経済学は、商品経済に特有なる諸現象を解明するものとして発達してきた学問である。それは単に、人間が物質的生活資料を生産し、分配し、消費してその生命を維持するという経済生活を一般的に規定するというものではない。しかもこの経済生活の一般的規定自身が、実は、商品経済という特殊の形態をもって行われる資本主義経済を対象とする経済学によって始めて与えられることになるのである。資本主義社会では、商品経済という特殊の形態のために、その経済生活は、常識的には屢々《しばしば》不可解なる諸現象を呈し、特にその解明を必要とするのであるが、資本主義に先だつ古代、中世の諸社会では、商品経済は部分的に行われるにすぎず、その本来の経済生活は、例えば中世封建社会では、経済外的なる政治的権力に支配せられていたのであって、その点は特に解明を必要としないと同時に、それをもって直ちに経済生活を一般的に規定するわけにはゆかない。これに反して資本主義社会は、特殊の形態をもってではあるが、経済生活を全面的に支配するものとなしうるのであって、経済生活の一般的規定も、特殊の形態規定と共に、経済学によって始めて与えられることになるのである。そしてそれは、またあらゆる社会に、古代、中世の社会の経済にも通ずる、マルクスの唯物史観にいわゆる経済的基礎をなすものをそれ自身に存在するものとして、いいかえれば、それ自身に理解されうるものとして明らかにするものともなるのである。(1)

(1)　マルクスは、その『経済学批判』の序文に明らかにした、いわゆる唯物史観を述べるにあたって、次のような前おきをしている。「……わたくしの研究が到達した結論は、法的諸関係および国家諸形態は、それ自身で理解されるものでもなければ、またいわゆる人間精神の一般的発展から理解されるものでもなく、むしろ物質的な生活諸関係、その諸関係の総体をヘーゲルは十八世紀のイギリス人やフランス人の先例にならって〈ブルジョア社会〉という名のもとに総括しているが、そういう諸関係にねざしている、ということ、しかもブルジョア社会の解剖は、これを経済学の研究にもとめなければならない、ということであった。」(邦訳『経済学批判』岩波文庫版一二─三頁)と。しかしいうまでもなく唯物史観自身は、ここでいわれる「ブルジョア社会」に限られるものではなく、古代、中世の諸社会にも通ずる歴史観である。しかもそれは単にかかる歴史的諸社会に共通するものとしてえられるというものではない。マルクス自身、その間の関係を明確に述べてはいないのであるが、「ブルジョア社会の解剖」を示す経済学にその解明を求めているということは、極めて注目すべきことである。経済学は、商品経済という特殊の形態の内に、種々なる社会に通ずる経済的基礎の一般的規定を、唯物史観にいわゆる上部構造から分離して与えうるものとして、唯物史観を科学的に基礎づけるものとなるのである。それはまた経済学の対象をなす商品経済の、特に資本主義的商品経済の、歴史的意義を示すものといってよいであろう。経済学は、法律学、政治学と共にいわゆる社会科学をなし、その対象にしたがって社会科学の基礎をなすものとなるわけであるが、経済学がかかる特殊な社会形態を対象とするということは、特に注意すべきことといってよいであろう。

しかしながらまたかかる経済生活の一般的規定は、例えば生産力の増進のために技術的に利用せられる経験的乃至《ないし》科学的知識自身と混同せられてはならない。いかにも資本主義社会は、特に自然科学を利用して、従来の如何なる社会にも見られなかったような生産力の増進を実現し、商品経済の発展を非常に促進したのであるが、そしてまたそれによって生産力の増進に役立つ自然科学は著しく発達し、その利用をなすにあたって必要とせられる経済知識もまた益々豊富になり、精確になって普及してきたのであるが、そういう商品経済的にいわば技術的に利用せられる知識がそのまま経済学をなすわけではもちろんないが、またそれが経済学によって明らかにされる経済生活の一般的規定をなすわけでもない。経済学は、むしろ資本主義の下では、例えば何故にかくの如き生産力の増進が異常な発展をなしたか、それは如何にして行われ、如何なる社会的影響を及ぼすことになるか、等々を解明することによって、いいかえれば商品経済に特有なる諸現象を解明することによって、商品経済の部分的に行われる諸社会にも共通する、したがってまた商品経済を止揚した社会主義社会にも共通に行われるものとせられる、経済生活の一般的規定をも明らかにするのである。また実際、経済学が科学的に解明する商品経済の法則なるものは、商品経済の全面的に行われるものとしての資本主義社会において、このあらゆる社会に共通なる、いわば人間社会の実体をなす経済生活における行動の原則が特殊の形態をとってあらわれたものにほかならないのであって、経済学は商品経済の法則をかかるものとして解明するのである。またそれはかかるものとして始めて科学的に解明しうるものとなるのである。(2)

(2)　経済学では、経済の原則は、法則と明確に区別されなければならないが、もちろん、それは無関係のものとしてではなく、むしろ反対に、経済の原則が商品経済の下に、始めてその形態に特有なる法則としてあらわれるものとしてである。例えば、経済的に有利なる機械が採用されるという場合、機械自身は人間の労力をはぶくものとして自然科学的法則を技術的に利用したものであって、それを経済的に有利なるものとして採用するということは経済の原則である。ところが資本家的商品経済の社会では、この原則が、商品経済的にそういう経済的に有利なる機械を採用せざるをえないものとして、法則的に強制せられるのである。それは単に経済的には原則として、人間の経済活動の基準によってその採用が決定されるというのではない。一般の原則として、行動の基準となるものが、法則として強制的に支配するものとなるのである。

これが経済学を科学として可能ならしめると同時に、経済学はこれによって資本主義が、それに先だつ諸社会に対して経済的に優位に立つ所以《ゆえん》を明らかにし、またこの原則を社会的に法則としてでなく、直接の生産者が主体となって計画的に実現しようという社会主義の主張の基礎を示すことにもなるのである。なおこういう関係を明確にしないで、経済学は人間の経済生活を一般的に規定するものとするのは、常識的に得られる商品経済的関係をもって、あらゆる社会に通ずる原則を明らかにしようとするものであって、商品経済に特有なる諸現象を解明する途をふさぐことになる。それは完全には把握しえない対象をどこまでも探求するものとして、あたかも自然科学的研究と同様に、それこそ科学的なる研究であるかの如くに考えられるのであるが、そしてまたそういう科学的研究によってえられる知識は、自然科学的知識と同様に、技術的に利用しうるかの如くにもよそおわれるのであるが、それは経済学の対象が、自然科学と異なって目的意識的行動をなす人間の社会関係としての歴史的過程であることを明らかにしないものであり、また商品経済的行動に対して経済知識を技術的に利用することを経済学の理論の実際的利用ででもあるかの如くに誤解するものにほかならない。そしてまたそういう経済知識の利用が、殆んどあらゆる場合に、新しい事実に妨げられて予期した効果をあげえないのを、反って研究対象の複雑さによるものとするのであるが、実際はかかる経済学では、資本という言葉一つでさえ明確には規定しえないのである。経済学の理論の利用は、かかる実利的なるものではない。それは歴史的過程の理論であって、そう簡単に実際的に利用せられるというものではないのである。

もちろん、経済学の研究対象をなす商品経済は、すでに述べてきたように、また何人にも知られるように、資本主義に先だつ諸社会においても、それらの社会の基本的な経済の方式とは異質的なものでありながら、それを補足するものとして多かれ少かれ行われてきたのであった。もともと商品経済はマルクスのいうように共同体と共同体との間の生産物の交換から発生したものであって、それはいわば物によって人間の社会関係を拡大するものとして、漸次に共同体に分解的影響を及ぼしつつその内部に滲透していったのであった。かくて古代、中世の諸社会を通じて多かれ少かれ商品経済の発展を見るのであるが、同時にまたそれらの諸社会の基本的な社会関係を破壊し、屢々その社会としての発展を阻害することにもなったのである。ところが近世初期の西欧諸国における商品経済の発展は、スペイン、ポルトガル、オランダ等を中心とする国際的貿易関係として発展し、終《つい》にイギリスにおいては、生産過程自身をも商品形態をもって行うという、一社会の基本的社会関係の商品経済化をも実現することになったのであって、ここに初めて資本主義社会が形成せられたのであった。それと同時にそれまでは商品経済自身と同様に断片的な、部分的な、したがってまた表面的なものにすぎなかった経済学的な知識も、ようやく独立の学問として発達する基礎をうることになった。経済学は、社会科学乃至歴史科学として当然のことであるが、その対象自身が歴史的に形成されてきたのである[3]。

（3）しかし経済学の対象としての商品経済は、種々なる社会の間に発生するという点からも分かるように、一社会の内部に滲透する場合にも、その社会のいわば間隙を通して発展してゆくのであって、発展の過程も、決して一筋の道をなすわけではない。また一社会において獲得された生産力も多くの場合この商品関係を通して他の社会に伝えられ、一社会の内部においても特殊な伝達力を発揮するのであって、資本主義社会に先だつ諸社会においては、屢々極めて重要な影響力を示しながら、それ自身の発展過程をなすわけではない。マルクスは、『経済学批判』の序文で唯物史観を述べた際にも、これらの諸社会の発展段階として、アジア的、古代的、封建的、近代ブルジョア的生産様式を区別しているが、最後の近代ブルジョア的生産様式を除いては、商品経済はいずれにおいても部分的なる補足物たるにすぎなかった。もちろん、漸次にその拡大発展がみられるものといってよいのであろうが、しかしそれにしても封建的生産様式から近代ブルジョア的生産様式への発展、転化さえ決して単なる商品経済そのものの発展となすわけにはゆかない。さらにまたブルジョア的生産様式の確立自身も、近世初期のスペイン、ポルトガル等を中心とする国際貿易関係の発展を背景としながら、結局スペイン、ポルトガルでなく、またオランダでもなく、イギリスにおいて初めて実現されることになったのである。これらの諸社会の発展の歴史的過程における商品経済の役割は、経済学の原理論の規定を基準として行われる経済史的研究によって明らかにされるべきものである。

かくて独立の学問としての経済学も、最初は商品経済の発展による、新たなる、そして複雑なる社会関係を規制するものとしての、近代的統一国家の確立の手段方法を求める実際的学問として、いわゆる富国強兵の物質的基礎を明らかにすることを目的としたのであった。ところが資本主義的なる生産関係の究明は、そういう一国の特殊の目的に留まることを許さなかった。資本主義の発展とともに、資本主義経済の一般的な構造と、その運動を支配する経済法則とを明らかにするという、科学的な原理の研究に発展してきたのである。ウィリアム・ペティ(Sir William Petty, 1623–87)の『租税貢納論』(A Treatise of Taxes & Contributions, 1662)、アダム・スミス(Adam Smith, 1723–90)の『諸国民の富』(An Inquiry into the Nature and Causes of the Wealth of Nations, 1776)、デーヴィド・リカルド(David Ricardo, 1772–1823)の『経済学及び課税の原理』(On the Principles of Political Economy and Taxation, 1817)は、そういう経済学の発展の過程を示す代表的な著作といってよい。例えば経済学の原理によって解明される法則性をもっては展開しえない租税論の如き政策論は、これらの著作において漸次にその重要性を失ってくるのである(4)。しかしながらスミス、リカルド等によって代表されるいわゆる古典経済学では、なお資本主義を一定の歴史的過程と見ることはできなかったのであって、原理論の研究はむしろ資本主義社会を理想的なる、あるいはまた唯一の社会として行われたのであった。それは資本主義の発生を促進し、助長する諸種の国家的政策を排し、資本家的商品経済をして自由に発展せしめることを主張して、資本主義社会を解明しようとしたのであった。

（4）ペティ、スミス、リカルドの著作の内容については、私の編纂した角川全書の『経済学』上巻第二部第二章乃至第三章を参照せられたい。なおペティ、スミスの著書には、大内兵衛、松川七郎両氏の邦訳が、またリカルドの原理には、小泉信三氏の邦訳が、いずれも岩波文庫として出版されている。

イギリスにおける十七、八世紀から十九世紀にかけての資本主義の発展は、たしかに旧来の直接的なる支配服従の封建的なる、中世紀的なる社会関係のもとに行われた、小生産者的経済生活を資本家的に自由平等なる商品経済に純化し、合理化する傾向を示していたのであって、古典経済学にとっては、資本主義社会を理想社会乃至唯一の社会と考える根拠があった。ところが十九世紀二十年代以後の発展となると、大よそ十年ごとに恐慌現象を繰り返すことになったのであって、もはや何人にとってもこれを理想社会として科学的研究をつづけることはできなくなった。すなわち一方では社会主義の主張が行われると共に、他方では多かれ少かれ科学的研究を放棄し、常識的概念をもって資本主義を擁護する、いわゆる俗流化の途をたどることになった。マルクス（Karl Marx, 1818–83）の『資本論』(5)は、これに対して社会主義の主張を科学的に基礎づけるものとして、資本主義自身を一定の歴史的過程とし、その商品経済的機構を明らかにするという批判的方法に途を拓いたのであって、経済学はここに始めてその原理を科学的体系として完成する基礎を与えられたのである。

（5）マルクスの『資本論』については、改めて述べるまでもないが、一八六七年にその第一巻が出版され、その後多少改訂されて現在は、エンゲルス(Friedrich Engels, 1820–95)によって出された、その第四版によるソヴィエトのいわゆるインスティテュート版が一般に行われている。なお第二巻は一八八五年に、第三巻は一八九四年に、いずれもエンゲルスの編纂によって出版されている。邦訳も岩波文庫、青木文庫に完結したものがあり、国民、角川の二文庫版でも新訳が続刊されている。解説も多数あるが、さしあたり前掲『経済学』下巻第二部第五章を参照せられたい。なお以下、『資本論』の引用箇所の頁数は、いわゆるインスティテュート版では〔イ〕を以て、邦訳岩波文庫版では〔岩〕をもって示しておいた。

しかしマルクスはなお資本主義の十九世紀末以後の変化を予想することはできなかった。『資本論』では、資本主義の発展は一社会を益々純粋に資本主義化するものとされていたのであった。そしてそれは慥《たし》かに十七、八世紀以来の歴史的事実に基づくものであり、また資本主義経済の一般的規定をなす経済学の原理を確立するためには欠くことのできない前提をなすのであるが、しかし歴史的発展は決してそういう純化を一筋に続けるものではなかった。資本主義は十九世紀七十年代以後漸次にいわゆる金融資本の時代を展開し、多かれ少かれ旧来の小生産者的社会層を残存せしめつつ益々発展することになったのであって、もはや単純に経済学の原理に想定されるような純粋の資本主義社会を実現する方向に進みつつあるものとはいえなくなったのである。すなわち経済学は、ここにおいて原理のほかに原理を基準としながら資本主義の歴史的発展過程を段階論的に解明する、特殊の研究を必要とすることになるのであった。マルクス経済学における帝国主義論は、必ずしもその原理論との関係を明確にするものとはいえなかったが、その具体的展開を示すものにほかならない(6)。

(6)　十九世紀末ベルンシュタイン(Eduard Bernstein, 1850–1932)によって提唱された、マルクス主義におけるいわゆる修正派の主張は、マルクスの学説が十九世紀末の資本主義のこの新たなる発展段階の諸現象を解明しえないものとすることに基づくのであったが、それはマルクスの学説を正しく理解した上で説かれたものではなかったので、直ちにカウツキー(Karl Kautsky, 1854–1938)等によって反駁されることになった。後者はいわゆる正統派をなしたのである。しかしいずれも『資本論』、あるいはそれに基づく主張をもって、この新しい現象をも直ちに解明すべきものとするということにその誤りがあった。後にヒルファディング(Rudolf Hilferding, 1877–1941)の『金融資本論』(Das Finanzkapital, 1910)、ローザ・ルクセンブルク(Rosa Luxemburg, 1870–1919)の『資本蓄積論』(Die Akkumulation des Kapitals, 1913)は、改めてこれを帝国主義の諸現象として解明しようとしたのである。ルクセンブルグの方は、『資本論』の所説を誤って改訂しようとしたものであって、現在では殆んどその影響を残していないといってよいのであるが、ヒルファディングの研究は、さらにレーニン(В. И. Ленин 1870–1924)の『帝国主義論』(Империализм, как высшая стадия капитализма, 1917)によって整理されて、マルクス主義の帝国主義論として確立されることになった。しかしこの場合にもなお『資本論』の理論との関係は決して明確とはいえなかった。その点は『資本論』自身が原理論として純化されることによって始めて解決されるものであって、『資本論』をそのままにしておいてなしうることではないのである。それと同時に帝国主義論は、単に十九世紀末以後の資本主義の発展段階を解明するものというだけでなく、資本主義の発展の金融資本による一段階を、初期の商人資本による重商主義、中期の産業資本による自由主義の段階に対するものとして、段階論的に解明するものとならなければならない。それは原理論と異なって、その発展段階を特徴づけるタイプ論となるのである。

かくて経済学は、その研究の方法を完成される。すなわちまず第一に、資本家と労働者と土地所有者との三階級からなる純粋の資本主義社会を想定して、そこに資本家的商品経済を支配する法則を、その特有なる機構と共に明らかにする経済学の原理が展開される。いわゆる経済原論をなすわけである。吾々は、これによって資本家的商品経済に一般的に通ずる、すべての基本的概念を体系的に、いいかえればそれぞれにいわば有機的関連をもつものとして理解しうることになる。それは理論的に再構成された資本主義社会として、それ自身に存立する完結した一歴史的社会をなすものとして解明されるわけである。次にこの原理を基準として、資本主義社会の発展過程において種々異なった様相をもってあらわれる諸現象を発展段階的に規定されたものとして解明しなければならない。前にも述べたように資本主義の現実の発展は、一定の時期までは純粋化の傾向を示しながら常に多かれ少かれ非商品経済的要因によって影響され、また一定の発展段階ではこの傾向を阻害する強力なる要因を発生せしめることになるのであって、現実の諸現象は、原理をもって片付けえない側面を必ず呈示してくるのである。経済学研究の特殊部門をなす、いわゆる商業政策、工業政策、農業政策、植民政策等の経済政策論や金融論、財政学あるいはまた社会政策論等は、すべてこの発展段階論の内に、いいかえれば資本主義の発展の段階によって異なってあらわれる、商品経済の諸相を、資本主義的発展を指導する国において、その世界史的典型として解明するものにほかならない(7)。かくしてまた始めて経済学研究の窮極の目的をなす、各国の、あるいは世界経済の現状を分析しうることになるのである(8)。

(7)　商業政策、工業政策等は、金融論などと同様に商業経済論、工業経済論等ともいわれて特殊の研究部門をなすものとせられている。しかし政策論といっても科学的には決して実際の政策を主張しうるものではないので、例えば商業政策論ならば、商業を中心とする資本主義の発展と、それに対する種々なる時代によって異なる政策を歴史的に解明するということに帰着することになる。もっとも一般的に経済政策論という場合には、資本主義の発展の段階を規定する、商人資本、産業資本、金融資本の典型的な形態と、それに応ずる重商主義、自由主義、帝国主義の、一般的な政策基準とを解明することになり、いわゆる段階論の基本的規定をなすことになる。金融論、財政学等はこの経済政策論によって与えられる基準によってその段階論的規定を展開すべきものといってよいであろう。ただ金融論の場合は、一応利子論として原理論の体系の内に基本的規定を与えられているのに反して、財政学は原理論に対するそういう関係ももってはいない。財政学は、政治学と同様にそれ自身の原理を有していないのである。最後に、社会政策論は、十九世紀末のドイツにおける社会主義運動の擡頭に対して、失業現象を中心とする社会問題を資本主義の体制の中で解決しようとする政治的要求に基づいて主張せられ、また実際にその政策の実現をみることになってきたものであって、一定の資本主義の発展段階に特有なるものとして解明されなければならない。それは旧来の貧窮問題を基礎とする社会事業と屢々混同せられるのであるが、また実際政策においても結合せられて行われるのであるが、学問的には明確に区別せられなければならない。ここでもまた一般の政策論と同様に科学的には政策を立案し、主張しうるものではない。

(8)　経済学の原理は、現実の経済過程を全面的に解明しうるものではない。資本主義の発展と共に資本主義は益々純粋化する傾向をもっているということは、一般的な原理論を可能ならしめるものではあるが、また同時に現実の過程は多かれ少かれ旧来の残滓を伴うことを示すのである。しかも一定の時期にはこの資本主義の純化の傾向も阻害されることになるのであって、原理をもって解明しえない現象は、やがては解消されて帰一するものとなすわけにはゆかない。特にイギリスに対して後れて資本主義化した諸国においては、先進国の発展の成果を輸入して資本主義化するために、その影響は著しく受けながら、決して同一の過程を経ることにはならない。それは個々の国々についても、また世界経済についても、必ず原理のほかに段階論的規定をもって始めてその解明の基準を与えられるということになる理由を示すものといってよい。先進国イギリス自身でも、十九世紀末以後の資本主義は、ドイツ、アメリカ等の後進諸国と共に、従来の純化傾向を阻害されることになるのである。かくて古典経済学以来、経済学研究の基本目標をなしてきた原理論の究明は、十九世紀末の金融資本の時代の出現と共に、段階論的規定の必然性を明らかにして、経済学の研究の窮極の目標が、経済過程の現状分析にあることを明確にすると同時に、原理は決してそれだけでかかる目的を達成しうるものではなく、段階論的規定を補足的に必要とすることを示すことになったのである。かくして経済原論は、その任務と範囲とを明確にされるのであった。

経済学の研究が、以上述べてきたように原理論と段階論と現状分析とをもって行われることを明らかにされると、資本主義に先だつ諸社会の経済の分析もまた、それぞれの社会に特有なる経済の諸様式が多かれ少かれ商品経済の影響をいわば外的に受けながら変化し、発展してきた過程を、経済史として解明すべきものであることが明確になる。そしてそれは単なる商品経済史ではなく、商品経済によって媒介されながら——もちろん単に商品経済にだけよるものではないが——社会的範囲を益々拡大し、終に資本主義社会として国民的規模の一社会を形成する基礎を確立する世界史的過程たることを明らかにする。資本主義社会において、歴史的過程はマルクスのいわゆる「人間社会の前史」を終ることになるのであるが、経済学もまた、これに対応して資本主義という特殊の形態においてではあるが、経済過程を純粋の経済過程として一般的にかつ完全に把握しうるということを基礎にして社会主義を科学的に根拠づけるものとなるのである。さきにも指摘したように、社会科学としての経済学の研究は、人間の行動による歴史的過程を科学的に解明しようとするものであって、自然科学のようにその成果を技術的に利用しようとするものではない、またしうるものでもない。資本主義の経済構造とその運動を支配する法則とを明らかにすることによって、経済過程に対する商品経済による盲目的なる法則的支配を自主的なる行動原則に止揚還元して社会主義を実現するという、その根拠を示すものとして、科学的に役立つのである。

経済学の原理の明らかにする経済生活の一般的原則は、もちろん商品経済的特殊形態の下に特殊の法則性をもって貫徹されるものであって、それ自体を直接に呈示するものではない。前にも述べたように、商品経済は、経済生活の基礎をなす生産過程自身から発生するものではなく、いわば生産過程と生産過程との間に発生した交換関係に特有なる形態をもって、漸次に生産過程に影響し、滲透し、これを把握することによって、生産過程にその実体的基礎を確保することになったのであって、いわゆる生産論をもって始めることはできない。原理論としては当然に生産論から始めることによって経済過程をその基礎から解明すべきもののようにも考えられるのであるが、実はそうでない。『資本論』が、その第一巻を「資本の生産過程」と題しながら、またその労働価値説を商品の生産に基づいて最初に論じながらもまず商品、貨幣、資本の形態規定を展開し、資本の出現の後に始めてあらゆる経済の仕方に共通な労働過程を論じて、資本の生産過程を説いているのは、(9)なお方法的には不明確なるものを残しながらも、正しく商品経済のこの特殊性を把握していることを示すものといってよい。かくて商品経済の原理を明らかにする経済原論は、当然に流通論をもって始められ、生産論はこの流通形態によって把握された生産過程として、その次に展開されることになるのである。

(9)『資本論』は、第一巻の第一章商品の最初に、生産物の商品形態が主題たることを指摘し、使用価値と価値とが商品の二要因をなすことを明らかにすると直ちに価値の実体を、商品の生産によってその生産に要する労働として説くのであるが、商品の生産過程自身はここではなお解明されてはいない。また実際商品は資本と異なって生産の形態をなすものではなく、その生産過程なるものは、一般的なる生産過程を包摂する特殊形態の生産過程として説きうるものではない。マルクスは、本文に指摘したように、後に「絶対的剰余価値の生産」と題する第三篇において資本の生産過程を説くとき始めて、その篇の最初に「労働過程」を説くのである。しかしすでに第一章で商品の生産を説いているために、反ってこの「労働過程」は一般的な労働生産過程としての規定を十分には展開しえないことになっている。この点については拙著『経済学方法論』*のⅣの一「価値論の論証について」を参照せられたい。

＊『経済学方法論』（一九六二年　東京大学出版会）

第一篇　流　通　論

資本主義社会は、資本によってその経済を処理する社会である。もちろん実際上はあらゆる生産物が資本家的に生産されるということはないが、しかしすでに述べてきたように資本主義社会を支配する経済法則を明らかにするには、すべての生産物が資本によって生産される、純粋の資本主義社会が想定され、その内に展開されるものとしなければならない。ところが資本が、常識的に考えられるように土地と労働と共に生産の三要素をなすものとして、原料、道具、機械等の生産手段とせられたのでは、資本主義を支配する経済法則を明らかにすることはできない。一般に生産手段は、必ずしも資本となるものではない。資本は、商品経済に特有なるものであって、むしろ生産過程と直接には関係なく、貨幣の特殊な使用方法から発生するのである。その最初の出現をなす商人資本はそのことを明らかに示している。商人の手にあっては、資本はもちろん生産手段ではなく、貨幣や商品からなるのである。事実、資本は、貨幣を前提とし、貨幣は商品を前提として始めて解明されるのである。もちろん商品は、生産物を前提とするが、しかし生産物と商品との関係は、商品と貨幣、あるいは商品、貨幣と資本との関係のように、前者から必然的に後者が展開されるというような内面的なものではない。生産物は必ずしも商品となるものではない。生産物は、他の生産物との交換関係の下に商品形態をとるにすぎない。しかも生産物が商品形態をとると必ず貨幣を出現せしめ、また貨幣の出現は必ず資本を出現せしめずにはおかない。そしてまた資本によって生産過程が把握されると始めて、必ず商品となる生産物が生産されることにもなるのである(1)。かくして経済学の最も基本的なる概念は、生産でも、生産物でもなくて、その商品形態ということになるのであって、マルクスの『資本論』は、その理論的展開を初めて明確に商品を以て始めたのである。

(1)　資本の出現は、必ずしも資本による生産が行われるということにはならない。資本主義に先だつ諸社会においても、商品経済が行われる限り、貨幣はもちろんのこと、資本の出現をも見るのであるが、しかしそれらの社会では資本による生産が行われるわけではない。商人や金貸はその貨幣を資本として運用したのであるが、資本によって生産をしたのではない。商品生産という言葉は、一般に広く資本主義的生産だけでなく、こういう資本主義に先だつ諸社会における、あるいはまた資本主義社会における、いわゆる小商品生産者の生産にも使用されるのであるが、商品形態は、実は、生産と直接内面的に結合されるものではない。むしろ生産物に与えられる商品形態を通して、その生産を商品生産というにすぎない。資本はこれに対して、元来は生産過程に関係のないものとして発生したものであるが、一定の歴史的条件のもとでは、直接に生産過程そのものを把握する形態となる。それは生産過程に外部的な流通形態が、生産過程を自己の内に包摂するものとなるわけである。かくて商品生産は、むしろ資本家的生産において始めて真に商品生産を展開するといってよい。そこで始めて商品は生産過程といわば内的関係をもつものとなり、生産物は当然に商品となる。生産者の意思によって生産物が商品となるというのではない。生産過程の資本形態によって商品となるのである。

第一章　商　品

商品は、種々異なったものとして、それぞれ特定の使用目的に役立つ使用価値としてありながら、すべて一様に金何円という価格を有しているということからも明らかなように、その物的性質と関係なく、質的に一様で単に量的に異なるにすぎないという一面を有している。商品の価値とは、使用価値の異質性に対して、かかる同質性をいうのである。それは商品が、その所有者にとって、その幾何《いくばく》かによって他の任意の商品の一定量と交換せられるべきものであることを示すものにほかならない。またかかるものとして価値を有しているわけである。ところがそれぞれ特殊の使用価値であるということは、一般的にいって、かかる直接的交換を許すものではない。しかも商品は、その所有者にとってはすでに使用価値として役立てられないからこそ商品となっているのであって、他の使用価値を異にする商品と交換せられなければ、自ら使用するというようなものでもない。すなわち商品は、その所有者にとって他の商品との交換の基準となる、その価値を積極的要因となし、その使用価値を、いわゆる他人のための使用価値として消極的条件とするものである。こういう商品の価値と使用価値との二要因の関係は、商品に特有なる交換価値としての、特殊の価値形態を展開することになる。金何円という価格も、その発展した形態にほかならない。

例えば特定の商品リンネルは、その所有者がそのリンネルと交換して得ようとする、他の商品の使用価値の一定量をもって、その価値を表現せられる。リンネル二〇ヤールは一着の上衣に値する、というように表現せられるわけである。こういう表現は、しかし、資本主義社会はもちろんのこと、一般に商品売買の形式としても直接的には見ることはできない。金何円という価格形態の背後にある未発展のものとして考えられるにすぎない。しかしまたそれは、いわゆる物々交換に見られるような、リンネル所有者と上衣の所有者とが現実に対立し、相互にその所有物を交換するという、いわば双方の価値を互いに表現するという関係そのものをいうのでもない。ここではリンネルの所有者が、商品として有するリンネルの内から二〇ヤールをとって、己《おのれ》の欲する一着の上衣に対して、誰か一着の上衣をもって交換を求めるものがあれば、二〇ヤールのリンネルを渡してよい、という形でリンネルの価値を表現するものである。この表現は、事実、上衣の所有者には直接関係なく行われる。また上衣の所有者がその上衣の一着をもって二〇ヤールのリンネルとの交換を要求するということは、このリンネルの価値表現そのものからは当然に出るというものではない。商品の価値形態としての交換価値は、屢々誤り解されるように、単なる二商品の交換比率を示すものではない。それは一方の商品の価値が、その所有者によって、他の商品の使用価値で表現されるという商品に特有なる価値表示の方式にほかならない(1)。

(1)　このいわゆる簡単なる価値形態にあっては、リンネル商品の所有者にとって上衣が使用価値として、もちろん、自己の商品との交換によって得らるべき商品としてではあるが、しかしリンネルが商品としてその所有者にとっては非使用価値であるのと反対に、その一定量が、例えば一着なり、二着なりがあげられ、それに対してリンネルは商品として所有するものの中から二〇ヤール、その他、適当と考えられる量が採り上げられて対置されるものとしなければならない。いいかえれば二〇ヤールのリンネルの価値を表示するというのではなく、リンネルの価値を表示するために、この場合は二〇ヤールがとられたにすぎない。この表示では、価値を表現される商品が、この場合はリンネルであるが、その量を、むしろその使用価値によってリンネルの価値を表示する上衣の量に対応して、規定されることになる。『資本論』はこの点を明確にしていないが、それは兎も角《とかく》として、物の重さや長さを計る場合と正反対であることに注意すべきである。商品にあっては、その所有者、いいかえれば売手にとっては、その使用価値は、価値の担い手として意義があるにすぎないが、買手、いいかえれば非所有者にとっては、この場合は上衣に対するリンネル商品所有者がそれにあたるのであるが、使用価値が目的をなし、上衣の価値は使用価値としての上衣——したがってここでは二着、三着でなく、一着の上衣——を手に入れるための条件をなすわけである。商品の二要因としての価値と使用価値とは、売手と買手とで全く逆の関係にあるものといってよい。売手にとって積極的要因としての目的をなす価値は、買手にとっては消極的要因としての条件をなし、買手としてはその目的をなす使用価値は、売手としては、それがなければ買手がないという点で消極的なる条件をなすものとしてあるということになる。

リンネルのかかる価値表現において、リンネルはその価値を他の商品の一定量の使用価値によって表現されるものとして、マルクスのいわゆる相対的価値形態にあり、これに対して上衣は、リンネルの価値を、その一着をもってリンネル二〇ヤールの等価物として表現するものであって、いわゆる等価形態にある。もちろん、この価値表現は、商品リンネルの所有者の主観的評価によるものにすぎない。商品上衣の所有者による上衣の価値表現とは全く別個のものである。また商品上衣は、ここではなおリンネル商品所有者の観念の内にある価値物にすぎない。しかしそれと同時に上衣は、その所有者の評価の如何にかかわりなく、その使用価値自身が、リンネル商品の価値をなすものとなっている。具体的にいえば上衣の所有者は、もし欲するならば、その一着をもって直ちにリンネル二〇ヤールを得ることができるわけである。リンネル商品所有者は、その価値表現によって、その商品と他の商品上衣との交換を要求しながら、自らはそれを実現しえないのに反して、上衣の所有者は、リンネルとの交換を要求してもいないのに、直ちに交換しうる地位におかれているのである。一般に商品が価値と使用価値とを有しているということは、前にも述べたように、価値を積極的要因とし、使用価値を消極的要因とするということから当然に生ずることであるが、交換関係の展開にもかかる逆転した関連を規定する。それはいわば商品経済に特有なる私的社会性を示すものである。

しかし個々の商品所有者は、もちろん、その商品の価値を単に他の一商品の使用価値によって表現するというものではない。己の欲する他の商品の使用価値の種々なる量をもって表現する。商品所有者は、種々なる商品との自由なる交換を要求するものである。例えばリンネル商品の所有者は、リンネル二〇ヤールは一着の上衣に価するという表現のほかに、リンネル二〇ヤールは半ポンドの茶に値する、あるいはまたリンネル四〇ヤールは二クオターの小麦に値する等々の表現をもって、その価値を表現する。(2) 己の欲する種々なる商品の種々なる量によるリンネルの価値の表現は、いうまでもなくリンネル商品の所有者の主観的評価によるものとしてではあるが、先の上衣による価値表現の単一なる社会関係をさらに展開するものである。リンネル商品の所有者は、その価値表現における種々なる等価商品の所有者に対して直接的交換を許すものであるからである。しかしこういう商品価値の表現は、実は、商品の直接的な相互交換の不可能なることを益々明らかにするものにほかならない。また実際それは決して客観的なる社会的評価の形態をなすものではない。各々の商品所有者が、それぞれ同じように任意の量の等価物商品をとって自己の商品の価値を主観的に評価し、表現するにすぎない。それは評価の基準を統一的に規定するものでもない。先に述べたように、価値形態がこういう形でそのままに存在しえないのは当然のことである。

（2）　先にあげたリンネル二〇ヤールは一着の上衣に値するという、マルクスのいわゆる簡単なる価値形態の場合にも指摘しておいたように、それはリンネルの価値を表現するもので、リンネル二〇ヤールというリンネルの、特に一定量の価値を表現するというものではない。商品所有者はその商品の内から一定量をとってその商品の価値を表現するのであるが、その一定量は、その欲する等価物商品の使用価値量に対応して、主観的にではあるが、決定されるものである。したがってここでも一着の上衣ならばリンネル二〇ヤールとせられるに対して、茶ならばその欲する半ポンドをリンネル二ヤールに値するものとする、というように、相対的価値形態にある商品は、その量を等価商品の量に対応して変化するものとしなければならない。あらゆる等価商品をもってリンネル二〇ヤールの価値を表現するという、マルクスの例解は、(『資本論』第一巻第一篇第一章第三節B「全体的な、または拡大された価値形態」は「20エレのリンネル＝1着の上衣または＝10ポンドの茶または＝40ポンドのコーヒーまたは＝1クオターの小麦または＝2オンスの金または＝½トンの鉄または＝等々」)としている。商品の価値が他の商品の使用価値によって表現せられるという場合の、使用価値の意義を十分に明らかにしないものといってよい。

ところがかかるマルクスのいわゆる拡大されたる価値形態の、各商品における展開は、必ずいずれの商品の等価形態にも共通にあらわれる特定の商品をもたらすことになる。いいかえればその商品さえ得れば如何なる商品に対しても直接に交換を要求しうることになるわけであって、各商品所有者は、直接己の欲する商品をもってその価値を表示し、その商品所有者から一般的には期待しえない交換を待つというのでなく、間接的にではあるが、まず一般的にあらゆる商品に対して直接的に交換を要求しうる商品によってその価値を表示し、その商品を通して己の欲する商品との交換を求めるということになる。かくして商品は、マルクスのいわゆる一般的価値形態を展開する。あらゆる商品の価値を表現する商品は、一般的等価物となるわけである。かくて一般の商品所有者はその所有する商品の価値をすべてかかる一般的等価物の種々なる量の使用価値によって表現することになるのであるが、しかしこの場合はすでに等価物の使用価値は必ずしも直接消費の対象をなすものとしてではない。それと同時にまた当然のことであるが、一般的等価物は等価物商品として最も適した使用価値を有する商品に帰着することになる。金、銀が、そして結局金が、かかる一般的等価物として固定され、貨幣となるのである。

金は、量的に如何様にも分割され、また合一されうるばかりでなく、その質を変化しない点で一般的等価物として最も適合した商品であるが、それはかりでなく、直接に消費の対象となることが少いということでも貨幣たる資格を有している。実際また金あるいは銀が貨幣となると共に、一般に商品所有者は、その商品の価値をもはや直接の消費の対象としての金、銀の使用価値の一定量をもって表示するということをしなくなる。それぞれの商品の使用価値の単位量によってその価値を表示する。リンネル一ヤールは金幾何とか、茶一ポンドは金いくらとかというように。(3)かくしてまた商品所有者は、互いにその商品の価値をこれによって直接に比較しうることになる。しかしそれは商品の価値を表示する貨幣のみが積極的に商品との交換を実現しうるものとなるという関係を基礎とするものであって、商品経済の私的社会性を示す、いわゆる価値と使用価値との矛盾は、この貨幣によって始めて現実的に解決される形態を与えられるのである。商品の価値の貨幣による表示、金価格が一般的に価値に対して価格といわれるのである。

(3) 前に指摘したように、マルクスでは価値形態の等価物商品の使用価値が相対的価値形態の商品所有者の欲望の対象としてその量を決定される点が明確にされなかったために、この貨幣形態では、逆に金の使用価値量が直接に消費対象としてその量を決定されないという点が不明確になっている。リンネルや上衣その他の種々なる商品が、次のように表現されている(同上「D・貨幣形態」)。

20エレのリンネル　＝
1着の上衣　＝
10ポンドの茶　＝
40ポンドのコーヒー　＝　} 2オンスの金
1クオターの小麦　＝
½トンの鉄　＝
x量の商品A　＝

これでは一般に価値形態とその発展した形態としての貨幣形態との相違を無視することになる。事実、かかる貨幣による価値表現は実際は、いわゆる均一価格店のような特殊の場合にしか見られないことである。

第二章　貨　幣

商品の価値を表示する等価物は、価値を表示される商品に対しては、その使用価値がそのまま商品の価値をなすものとせられ、それは堅さや重さその他、物としての商品の属性の一つのように考えられる。かくしてあらゆる商品の価値を一般的に、統一的に表示する貨幣金にあっては、その使用価値の量的表示が、そのまま商品価値の量的表示をなすものと考えられることにもなる。例えば金一円は元々純金二分(七五〇ミリ・グラム)の量を示すにすぎないのに、それは直ちに商品価値の単位量と誤解される。金二分が例えば金一匁の五分ノ一であるというように、円自身は価格の単位としては一定不変であるが、しかしそのことから金一円が他の商品の一定量の価値を常に表示するものであるということにはならない。金も他の商品に対しては、その使用価値をそのまま価値物とせられるにしても、その使用価値そのものを自己の価値とするわけにはゆかない。いいかえれば金にあってもその価値は、その使用価値と異なって他の商品と同質的なるものとして価値なのである。円、ポンド、ドル等々が、価格の単位として一定不変であるということは、価値の単位としても一定不変であるということにはならないのである。(1)

(1)　物の重さや長さを計量する場合、その尺度は一定の重さ、長さを有するものを基準とするわけであるが、貨幣によって商品の価値をはかるという場合には、そういう固定的な価値の基準はない。金二分が円として価格の単位をなすのは、それが使用価値としての金の一定の重さを基準とせられるからにすぎないのであって、商品の、したがって金自身の価値の基準単位をなすからではない。したがって価値を尺度するということは、重さや長さと全く異なった方法によることになるのである。もっとも円は重量名に代わるものではあるが、これも貨幣としての金の一定重量に名づけられたものであって、単なる重量名ではない。

商品価値の表示としての価格は、商品の価値を社会的に認められた一般的等価物によって表現するものではあるが、しかしそれだからといって商品の価格はつけられただけで直ちに社会的なる評価をうけたものとはならない。商品の価値形態として、貨幣価格もまた商品所有者側の主観的評価たるに変わりはない。たとい他の同一商品の価格を考慮して与えられたとしても、それ自身で商品価値としての社会的同質性を確定されるものではない。一定の価格をもって供給せられる商品は、その商品の需要者たる貨幣所有者によってその価格をもって購買されるとき始めてその価値を社会的に確認されることになる。しかもそれは売れなければ価格を下げ、売れれば価格を上げるという関係を通して行われる。事実、商品の価値は単に一回の売買によって社会的に確証されるというものではないのである。需要供給の関係によって常に変動する価格をもって幾度も繰り返される売買の内に、その価格の変動の中心をなす価値関係として社会的に確証されるのである。実際また幾度も繰り返される売買の過程は、商品の売手を買手にかえ、買手を売手にかえる関係を展開するのであって、貨幣は商品の価値を尺度しながら商品の価値を基準にする交換を媒介する。かくしてまた商品は、その供給を需要に対して社会的に適応せしめうることになるのである。

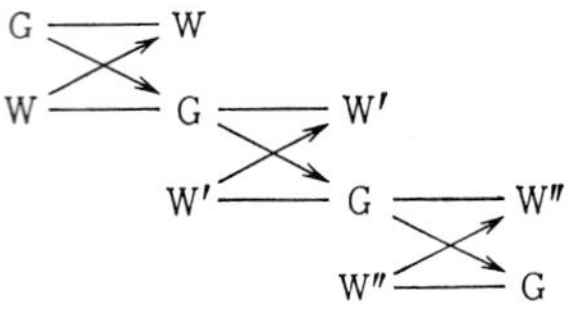

商品の売買は、常に貨幣による商品の購買G——W（Gは Geld 貨幣、Wは Ware 商品を指す）をもって行われるのであるが、この過程は一般的には、上にも述べたように、商品の買手としての貨幣所有者自身が、商品の売手として得た貨幣をもってなすものにほかならない。いいかえれば商品Wを売ってえた貨幣Gをもって他の商品W′を購入するというW——G——W′の過程の後半をなすものである。しかしまたこのW——G——W′の過程は、AにとってのW——GがBによるG——Wによって実現され、AのG——W′がCにとってのW′——Gを実現するというように、買手のG——Wによる商品の購買を通して、社会的に行われるのであって、売手が積極的に買手に買わせうるわけでもなければ、またWとW′とが直接に交換されるわけでもない。すなわち商品の交

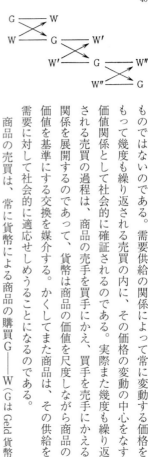

換は、市場における商品流通という特殊の形式をもって行われ、貨幣がその流通を媒介するのである。かくて商品は一般に売買されると流通界を脱して消費に入るのに反して、貨幣は商品の売買を媒介しつつ常に流通市場に留まることになる。貨幣は、G――Wとしては価値尺度として機能し、それを基礎としながらW――G――W′の関連においては流通手段として機能する。いわゆる通貨とは、貨幣のかかる機能に対して与えられた名称にほかならない。一定期間に売買される商品の価格総額に対して、その売買に使用される通貨量は、その期間中に同一貨幣が幾度か使用される、いわゆる貨幣の流通速度によってそれだけ少くてすむわけである。またこのように不断に商品流通の手段として使用せられる通貨は、価格標準の制定に対応して、いわゆる鋳貨として供せられることになる。数種[2]の鋳貨が、それぞれ一定の重量を円、ドル、ポンド等の貨幣名をもって示すものとして、商品売買に使用されるのである。

(2)　例えば金一匁が五円金貨とせられるのを金一匁が商品として価格を与えられるかの如く、この五円を鋳造価格というのであるが、先に明らかにしたように、それは単に金一匁の貨幣名にすぎないものであって、金自身の価値を表わす価格をなすわけではない。もっとも金貨が流通しないというだけでなく、いわゆる金本位を離脱し、通貨管理が行われる現在では、この関係はそのままはあらわれない。しかし金本位の離脱にしても、通貨管理にしても、それは決して完全に行われるものではなく、金は窮極的には価値尺度たることに変わりはない。ただ各国の種々なる政策的機構によって、その機能が部分的に阻害され、したがってまた歪曲されてあらわれるということになっているのである。それと同時に国際的に円、ポンド、ドル等の金重量を示す、いわゆる金平価も公定相場的役割を演ずるにすぎないものとなっている。もちろん、そういう施策が正しいとか、正しくないとかというのではない。経済学的には何故かかる方策を必要とすることになったかが問題になるのであるが、それは直ちに原理論によって解明されうるものではない。原理論を基準にして行われる段階論、現状分析の規定によって始めて解明されることになる。

しかしかくの如く通貨として常に流通市場に留まる限り、貨幣は、もはや必ずしも金たることを必要としない。WをもってW′を購入する手段たるにすぎないからである。貨幣は、W商品のW′商品への転化の過程におけるその価値の一時的姿にすぎないものとなる。かくて金貨幣のほかに、単に一定金量を表示するにすぎない銀貨、銅貨等のいわゆる補助貨幣、あるいはまた紙片にすぎない紙幣をもって金貨に代えることが行われる。それは一般的には単なる手段のための費用の節約のためであるが、商品売買の価額(少額の端数)の点からいっても実際上必要とせられるのである。しかしかかる金貨幣に代わる補助貨幣、紙幣等は、それの表示する金量が、流通に必要なる金貨幣量の限度を越えても発行されうるのであって、それは決して金貨幣にそのまま代わるものではない。

元々、流通手段としての貨幣の量は、商品流通量と共に増減するものであって、金貨幣ならば商品に帰ることによって、あるいは商品から貨幣となることによって、それに適応しうるのであるが、紙幣はもちろんのこと、補助貨幣にも、そういう適応性はない。流通手段として機能しえなくなると、商品としてはその表示する金価格を有するものではなくなるからであるが、また金貨幣で必要とせられる通貨流通量を越えることになった場合にも、流通手段として、流通市場に留まらざるをえないことになるのである。それと同時に個々の紙幣、補助貨幣の代位する金貨幣量はそれだけ減少することになるのであって、商品の価格は金貨幣による場合より名目的に騰貴することになる。(3) これは一般的には紙幣流通に特有なる現象であって、貨幣の価値はその数量によって決定されるという謬説は、この現象を一般的に貨幣に生ずるものと誤解したものにすぎない。しかも金は、すべて貨幣となるものではないし、また常に流通手段として貨幣たるものでもない。いいかえれば金貨幣にあっては、流通手段としての貨幣は、金の、さらにまた金貨幣の一部分が、商品流通の必要に応じて流通市場に出たものにすぎないのである。

(3)　例えば紙幣を発行しうる政府が、租税によってえた貨幣をもって購入商品の代価や給料等を支払うというのであれば、それは租税納入者に代わってG――Wをなすにすぎない。単に金貨幣に代えるために自ら発行した紙幣にしても、租税として収納したものの使用であれば変わりはない。これに反してかかる支払をなすために新しく紙幣を発行する場合には、それはいわば流通必要量に追加することになるのであって、価格の騰貴をもたらし、またかかる騰貴した価格を持続せしめることにもなる。殊にかかる財政的措置は、当然に紙幣の追加発行を繰り返すことを余儀なくせしめ、商品価格を益々騰貴せしめて、いわゆるインフレーションを呈することになる。もっともインフレーションの経済学的究明は、単にかかるいわゆる貨幣価値の問題にあるのではない。それが社会諸階級乃至諸階層に如何なる影響を及ぼすか等が問題である。しかしそれは直ちに原理論で片付けられるものではない。ただこの原理論的規定を明確にしておかなければ、かかる究明もなしえないというわけである。

元来、貨幣は、商品売買を媒介する流通手段としても、特定の商品の販売によってえられ、任意の商品の購入にあてられるものとして、個々の商品の特定の使用価値の制約を解除された、いわば商品の価値そのものを代表する価値物である。それは何時《いつ》でも自由に商品の購買にあてられうる、いわゆる資金として、できれば直ちに使用しないで商品経済的富として貯蓄せられる傾向を伴うものである。むしろ流通手段としての貨幣は、かかる傾向にもかかわらずW商品のW′商品への転化の必要にせまられて出動するものといってよい。資本主義社会の初期、あるいはそれに先だつ諸社会における商品経済の一定の発展に伴って見られる、いわゆる貨幣の蓄蔵、あるいは退蔵は、その点を最も極端な形で示すものである。しかしまたかかる貨幣の蓄蔵にしても、あるいはまた一般的にいって貯蓄にしても、その形成は、その反面において貨幣を直ちに受け取ることなくして商品を販売し、後に貨幣の支払を受けるという、いわゆる掛売りを可能にする。貨幣を支払わないで商品を購入した買手は、流通手段としての貨幣を要しないわけであるが、その代わりに後に自己の商品の販売等からえた貨幣を、少くともその一部分は流通手段として使用しないで支払手段として使用しなければならないことになる。流通市場は、貨幣なくして行われる売買の代わりに、後には、貨幣の蓄蔵乃至貯蓄が行われる場合と同様に貨幣の引上げを受けるわけである。しかしこの支払手段としての貨幣は、一方での借手がまた他方では貸手であるという関係の展開を基礎にして、同一の貨幣をもって連続して二つ以上の貸借関係を決済しうることにもなる。このことはまたかかる債権債務関係にもとづく支払約束の証書をもって支払にあてる、いわゆる信用貨幣(4)の発生の基礎を形成するのである。

(4)　流通手段としての貨幣に代わる国家紙幣と同様に、信用貨幣も紙券をもって貨幣に代わるものであるが、この方は支払手段としての貨幣の流通を基礎とする全く異なったものである。しかし信用貨幣も、いわゆる商業貨幣としての手形の流通を基礎にして、一般的な信用貨幣としての銀行券が発行されることになり、中央銀行券に統一されてくると、国家紙幣と並ぶ通貨ともなってくる。しかしなお銀行券は、後に明らかにするように、銀行が自ら商品の買入れ、あるいはその他の支払をなすために発行されるわけではない。その点、紙幣と根本的に異なっている。もっともこの点でも最近の銀行券は、貨幣制度の変化と共にその機能を変化し、政策的に紙幣化されることになっているが、これもまた原理論で直ちに解明しうることではない。具体的事情の分析によらなければならない。

かくて流通手段としての貨幣は、一方では貯蓄によって引上げられ、また必要に応じて貯蓄から引出され、他方では信用による支払延期によって節約されつつ、その量を商品流通に応じて調節されるのであるが、その調節は、根本的には、商品としての金が他の使用目的にも役立てられると共に貨幣にもなり、何時でも流通手段として市場に出て商品の購入にも充てられるということによって行われる。金は、価値尺度としての貨幣の機能を通して、流通市場と地金乃至貨幣の貯蓄との間を流出入しつつこの調節を行うのであるが、しかしそれは単に貨幣として行われるものではない。価格の変動常なき商品流通市場に対して、資金としての貨幣の新たなる機能を通して行われる(5)。支払手段としての貨幣に対し、いわばその積極的展開をなすものといってよい。商品経済的富として貯蓄される貨幣は、必ずまた商品を売って利益をうるために、商品を買うということに、いいかえれば富の増殖のために使用されることになる。W――G――W′に対し、G――W――G′の新たなる流通形式が展開される。貨幣はかくして資本となるのである。

(5)　マルクスのいわゆる世界貨幣は、一国が他国に輸出した商品の代価その他の支払としてえた貨幣金が、新しくその国の地金乃至貨幣に加えられ、他国から輸入した商品の代価その他の支払に充てられる貨幣は、その国の地金乃至貨幣から減ぜられるという事実によって、一国の必要とする貨幣量を根本的に調節するものとしての、貨幣のこの規定を与えるものと考えられるのであるが、それはまた貨幣の演ずる新たなる役割を示すものである。すなわち一国の商品流通市場に対しては、輸出入いずれの場合にも、貨幣をもって商品を買い、その商品を売って貨幣をうるということになるのであって、いわば一国のW――G――W′と他国のW――G――W′との間を媒介するG――W――G′の新たなる流通形式を展開する。しかもこのGのG′への転化は、W――G――W′におけるWのW′への転化と異なって同じGの量的増加を目的とするものとならざるをえない。貨幣はここに資本となるわけである。商品が共同体と共同体との間に発生したのと同様に、資本もまた流通市場と流通市場との間に発生するものといってよいであろう。商品、貨幣、資本の流通諸形態は、いずれもかかる外来的なるものの共同体内への滲透として展開されるのである。

第三章　資　　本

商品を売って利益をうるために商品を買うというG――W――G′では、Gが剰余価値

gを加えたG′（G＋g）として回収されるわけであるが、それと同時にG′は、少くともその内のGは、再び同じ過程を繰り返すものとしてあることになる。その点で、このG——W——G′の形式は、W——G——W′と全く異なっている。後者のW′は、流通を脱して消費されることを原則とするのであって、次のW——GはW′自身によって当然に繰り返されるわけではない。かくて資本は、価値増殖をなしながら無限に同じ過程を繰り返すものとして資本となるのである。それと同時に価値は、もはや商品におけるように特定の使用価値と表裏一体をなすものとしてではなく、また貨幣におけるように、種々なる使用価値を有する商品に対して、自己の特定の使用価値を一般的価値物とする独立の存在を有するものというのでもない。商品、貨幣の姿をとっては捨てる、マルクスのいわゆる変態[1]をなす運動体として存在することになる。もちろん、G——W——G′のGにしても、Wにしても、それだけとったのでは資本ではない。また資本としてもそれ自身には単なる貨幣、商品として機能するにすぎない。それはG——W——G′という変態過程自身の中にあって資本となるのである。資本Gに対して、剰余価値gは利潤とせられるのであるが、それは運動体としての資本にとっては当然のことであるが、一定の時間を、例えば一年を基準にしてその増殖力を利潤率をもって表示される。G——W——G′の一循環を資本の回転という。いうまでもなく同一額の資本で同一量の剰余価値を増殖する場合は、回転速度の早いもの程利潤率は高いわけである。

（1）マルクスはW――G――W′にすでに「商品の変態」（『資本論』第一巻第一篇第三章第二節a）という名称を与えているが、商品形態は資本のようにそれ自身運動体をなすものではない。いかにもW――G――W′においても商品Wは貨幣Gに、貨幣Gは商品W′にいわゆる姿態転換をなすわけであるが、貨幣に転化した商品は貨幣であって商品ではない。また貨幣であるから次にW′としての商品にもなりうるのである。しかもW――Gは、すでに述べたようにG――Wの反面として実現されるのであって、商品が自らその転化をなすわけではない。W――G――W′の商品Wは決してこの運動の出発を自ら開始しうるものではなく、自立的な変態運動をなすわけではない。実際またこの姿態転換は、資本の運動の中で資本がその姿態を商品、貨幣と変えるというのとは全く異なっている。W――G――W′では価値の独立的存在をなす貨幣がWとW′との間に入って商品の姿態転換の媒介の手段となるに過ぎないのに対して、G――W――G′では貨幣が出発点をなし、この運動を繰り返す主体をなしている。商品にはそういう運動の主体をなす起動力はないのである。貨幣はまた、この資本としての運動の中にあっては、商品に対する価値物としてあるというだけでなく、剰余価値に対する原価値として、いわば自分自身に対する関係にあるのであって、その点でも運動体の主体をなすことを示している。

G――W――G′の形式は、具体的には資本主義に先だつ諸社会においても、商品経済の展開と共に、あるいはむしろその展開を促進するものとしてあらわれる商人の資本に見られるのであるが、それは商品を安く買って高く売るということにその価値増殖の根拠を有するものである。多くの場合、場所的な、あるいは時間的な価格の相違を利用するか、あるいはまた相手の窮状乃至無知を悪用するか、いずれにしろかかる条件を前提とする商人の資本家的活動によるのであって、資本自身がその価値を増殖するものとはいえない。かかる商人資本は、安く売る者と高く買う者との間に入って、いわば社会と社会との間に割込むことによって利潤をあげるのであって、その価値増殖は社会的に一般的根拠を有するものではない。ところがこういう資本形式の出現はまたそれを基礎にして、いわば資本に対する資本として、G……G′という資本の他の形式をも展開する。具体的にはG――W――G′の商人資本に対して、G……G′は金貸資本としてあらわれる。即ち商人に資金を貸付けてその利潤の一部分を利子として得ることになるのであるが、それはもはや本来の流通過程において剰余価値を得るものではない。相手の窮状に乗じてその財産を収奪する、いわゆる高利貸資本はその点を端的に示すものである。かくて資本は、この形式においては、G――W――G′の商人資本と異なって、資本家としての何等かの活動によってその価値増殖をなすというものではない。その点では資本価値の自己増殖の一面を示すものといえるのであるが、そしてそれは商人資本の利潤率の不確定なのに対して、利子率の確定性をなすのであるが、しかしそれと同時に価値増殖の根拠を自分自身には全然もたないことを明らかにする。また実際、高利貸資本はもちろんのこと、商人資本にしても、かかる形式をとる限り資本は、その価値増殖の基礎をなす相手を、いいかえれば自己の前提を自ら破壊することになるのである。(2) いずれにしてもそれ自身の内に価値増殖の根拠を有する自主的な運動体をなすものではない。

(2)　我が国でも明治維新までは士農工商と社会的に商人は武士はもちろんのこと、農工に対しても下位にあるものとせられたようであるが、これは封建社会に対する商人資本のいわば外部からの破壊的作用によるものと考えられる。この破壊作用は、もちろん、封建社会の資本主義社会への転化に重要な役割を演ずるのであるが、しかしこの社会的変革の過程は、すでに述べたように、決して商人資本に代表される商品経済の滲透だけで実現されるものではない。

かくて資本は、G――Wの過程で購入した商品をそのまま売るのでなく、この商品によって新しくヨリ多くの価値を有する商品を生産し、その商品をW――Gの過程で販売して剰余価値をうるというのでなければ、自らの基礎を確立するというわけにはゆかない。即ち、資本主義社会において生産に投ぜられる、いわゆる産業資本の形式、G――W……P……W′――G′(Pは生産過程を示す)を展開することによって始めてかかるものとなるのである。もちろん、ここでW――Gとして販売される商品はG――Wで購入される商品と単に使用価値を異にするというだけではなく、ヨリ多くの価値を有する商品としてのW′——G′である。資本は新たなる使用価値と共にヨリ多くの価値を有する商品を生産するわけである。しかしそれはいわゆる小生産者のように、例えば原料等を商品として買入れ、これに自ら労働を加えて新しく商品を生産するというのでは、たといヨリ多くの価値を有する商品を生産するとしても、それでは資本が生産したということにはならないし、そのヨリ多くの価値も、資本の価値増殖ということにはならない。そこでこの形式ではG——Wで購入される商品は、単にW′の生産に必要な生産手段だけでなく、その生産手段をもって新しく商品W′を生産する労働者の労働力をも商品として購入するというのでなければならない。労働力自身を商品として買入れるとき始めて資本は自ら商品を生産しうることになるわけである。かくてこの形式は、

$$G - W \left\langle \begin{matrix} A \\ P_m \end{matrix} \right. \cdots\cdots P \cdots\cdots W' - G'$$（Aは労働力、P_mは生産手段）

ということになる。

しかしこの資本によって生産手段と共に商品として購入せられる労働力は、元々、生産物ではなく、したがってまた本来商品となるべきものでもない。それは直接の生産者が、生産手段をもたないで商品経済の社会で生活するためには、労働力をでも商品化せざるをえないということによるのである。しかしながらまた中世紀的な農民のように領

主に対して直接的な支配服従関係にあるものにあっては、その労働力を自由に商品として販売するというわけにはゆかない。かくて資本の産業資本的形式の展開は、一方で貨幣財産の蓄積と、他方でマルクスのいわゆる二重の意味で自由なる、すなわち支配服従関係から自由であると同時に、自己の労働の実現のために必要な生産手段をもたないという意味で、それからも自由な、いわゆる近代的無産労働者の大量的出現とによって始めて可能なことになる。後者は、いわゆる資本の原始的蓄積の過程として、中世紀的な封建社会において、商品経済の発展に伴う生産力の増進と共に、その基本的社会関係をなす、領主と農民との支配服従関係が一般的に破壊され、近代的国民国家に統一される過程の内に実現されたのであった(3)。蓄積された貨幣財産もこれによって始めて産業資本として投ぜられうることになるのである。

(3)　資本の産業資本的形式は、商人資本的形式や金貸資本的形式と異なって、資本形態がいわばそれ自身で展開するものとはいえない。この形式のいわば基軸をなす労働力の商品化は流通形態自身から出るものではないからである。もちろん、資本としてはこの形式を展開しなければ、生産過程を把握しうることにはならない、したがってまた資本主義社会を実現するということにもならない。しかし労働力の商品化の基礎をなす、生産手段を失った無産労働者の大量的出現は、資本主義に先だつ封建社会自身の崩壊によるものであって、いわゆる単純なる商品生産者としての小生産者が、商品経済によって分解されて生ずるというようなものではない。商品経済の発展は、殊に商人資本によって、また部分的には金貸資本によって、小生産者を分解し、その社会的関係を破壊する傾向を常にもっているのではあるが、しかしこの小生産者の分解は、どこでも、またいつでも近代的無産労働者を出現せしめるとは限らない。現に、十六、七世紀以来の西欧諸国における商品経済の発展も、イギリスにおいて始めて資本主義を発生せしめることになったのである。

産業資本の形式では、それ自身が示すように、資本はもはや単なる流通形態ではない。その内に生産過程をも包摂することによって、商品、貨幣の流通形態にもいわばその内容を与えるものとなる。商品自身が、貨幣となる商品と共に、この生産過程の内に生産されることになるのである。もちろん、その生産過程は、商品、貨幣、資本の流通形態に応じて展開される。しかしそれだからといってそれは従来の諸社会における生産過程自身と全く異なった生産過程をなすというのではない。むしろ反対にあらゆる社会の生産過程に共通なる、いわば社会的実体として社会の基礎をなすものとしての生産過程を把握することによって、商品経済をして歴史的に一社会を形成せしめることになるのである。もちろん、それは資本主義社会として特殊の発展をなすのであるが、しかしまた従来の如何なる社会とも異なって生産過程を純経済的に、いいかえれば如何なる上部構造的イデオロギーによっても、それ自体としては実質的に支配され、影響されることのないものとして展開する。それは社会的に需要される一切の生産物を商品として生産し、その生産に必要なる労働力商品をも自ら特殊の方式によって補給するものとなる。それはいわば自主的な一社会を形成するものとなるのである。古代、中世の諸社会が商品経済をその補足的一部分としたのに反して、資本家的商品経済は、他の諸形態の経済をも自らの商品経済の内に解消し、同化する傾向を有するものとしてあらわれるのである。(4)

（4）　序論でも述べたように、商品経済は資本主義としては一社会の経済過程を全面的に規定するものとして、歴史的な一社会となるのであって、それが経済学を商品形態という特殊の形態を対象とするものとして始めて可能ならしめる理由をなしている。またそれは同時に経済過程を、いわゆる社会の上部構造としての法律、政治、宗教その他のイデオロギーの実質的支配から独立に展開せしめることを可能ならしめるのであって、マルクスの唯物史観を科学的に根拠づけるものといってよい。経済学が経済生活一般を対象とするものとしてではなく、その特殊の形態としての商品経済を対象とすることによって、経済生活一般にも通ずる規定を与えるものとなるのと同様に、唯物史観も種々なる社会形態の発展法則を一般的に規定するものによってではなく、資本家的商品経済という特殊の社会の運動法則を明らかにする経済学によって始めて科学的に根拠づけられるものであるということは、特に注意すべきことと考えるのである。

第二篇　生　産　論

労働力の商品化によって資本は生産過程をも資本の生産過程として実現することになるのであるが、それは物としての使用価値の生産として、あらゆる社会に共通なる、その経済生活の基礎をなす労働生産過程が、資本によって行われるということにほかならない[1]。しかしそれはもちろん、単なる物の生産過程ではない。資本による商品の生産過程として、価値形成増殖過程をもなし、資本に特有なる発展をなすのである。かくて資本の生産過程は、使用価値と価値とのいわば二重の生産過程をなすのであって、これに対応して、それは生産物の商品としての流通過程によって補足されなければならない。元々、資本は、商品、貨幣の流通を基礎にして発生したものであって、それ自身流通形態たるにすぎず、その生産過程もG――WとW′――G′との流通過程の間の一段階をなすものとしてあらわれる。すなわち資本家的商品経済の一般的法則を明らかにする経済原論における生産論は、決して単なる生産過程論に留まるものであってはならない。資本の流通過程をも解明するものでなければならないのである[2]。

(1)　あらゆる社会に共通なる労働生産過程が、資本の生産過程を明らかにする経済原論のこの生産論で始めて、それ自身としても明らかにされるものであるということは、極めて注目すべきことである。資本の生産過程が、単なる物の生産過程としてでなく、同時にまた価値形成増殖過程でもあるということは、物の生産過程自身に対して、経済外的要因の介入を許さないものとなるのであって、価値形成増殖過程自身は、商品経済に特有なる形態をもってではあるが、この過程を経済的規定に純化するものとして作用するのである。唯物史観にいわゆる社会の上部構造の土台をなす経済的基礎をそれ自身で運動するものとして規定しうるという経済学の根拠もここにあるわけである。

(2)　資本の流通過程という場合、それは商品、貨幣の流通というのとは異なった意味をもってくる。資本自身が、商品や貨幣のようにその持主を変えるというのではなく、資本は運動体として商品、貨幣等の姿をとっては捨てる、前述の変態をなすのである。第一篇流通論は、一般に流通形態を明らかにするものであるのに対して、この生産論における資本の流通は資本の生産過程に対して、その流通過程を明らかにするものとなる。

資本の流通過程の内に行われる資本の生産過程は、一般に経済生活における不断の消費に対する不断の生産としての再生産過程をも、資本自身の再生産過程として実現する。それと同時にいわゆる生産のための生産として、消費はむしろ生産のためにあるという、逆転した関係を展開する。しかしそれにしても生産過程の動力をなす労働力自身は、資本によって生産されるものではない。労働者自身によって再生産されなければならない。資本は、労働者による労働力の再生産に必要なる生活資料を生産し、再生産するにすぎない。すなわち資本は、その再生産過程において単に生産手段と共に生活資料を商品として生産するだけでなく、労働者をして、その労働力を商品化せしめずにはおかない資本家的社会関係をも再生産しなければならない。しかるにまたかくの如く資本によってその社会的関係を再生産される労働者人口も、その自然増殖によっては、資本の必要とする労働力を常に保障するものではない。すなわち資本の再生産過程は、資本主義に特有なる人口法則をも展開するものでなければならない。

かくして生産論は、資本の生産過程、資本の流通過程、資本の再生産過程を解明して、資本主義社会における資本家と労働者との基本的社会関係を規定する法則を明らかにするものとなるのである。

第一章　資本の生産過程

第一節　労働生産過程

資本の生産過程も、それ自体としては、特定の対象に対して一定の目的をもって働きかける人間の労働過程にほかならない。すなわち労働力を自然力として対象に目的にそった変化を与え、これを生産物として獲得するのであるが、その場合多かれ少かれ労働の手段をもって労働力の作用を拡大する。道具、あるいは道具を使用する機械等の労働手段をもって生産の増加をはかるわけである。仕事場、工場等のように労働の適当に行われるようにした場所もまた労働手段といってよい。また労働は、原始的には自然を対象とするわけであるが、その対象自身がすでに労働生産物である、いわゆる製造加工としても行われる。この場合、労働対象物は特に原料といわれる。労働手段や労働対象自身に使用される生産物、例えば蒸気機関に使用される石炭、機械に使用される油、繊維材料に使用される染料等は、原料に対して特に補助原料という。

労働過程は、その目的に対する結果としての生産物からいえば生産過程である。すなわち労働対象は労働手段と共に生産手段とせられ、労働力もまた生産手段と共に生産の二要因をなすものとなる。しかし労働力は、生産過程においても生産手段と同じ役割を演ずるものではない。生産手段が客観的要因をなすのに対して、労働力は主体的要因をなすものといってよい。例えば今仮に六キロの綿花と一台の機械とをもって六キロの綿糸を生産するのに六時間の労働を要するものとしよう。もちろん、労働手段は一台の機械に留まるわけではないし、また綿糸の生産中に屑綿となるものもあるわけであるが、簡単にするためにこういうように仮定したのであるが、この場合、六時間の紡績労働の生産物である六キロの綿糸は、単に六時間の労働の対象化されたものではない。六キロの綿花の生産自身に、例えば二〇時間の労働を要したものとし、また機械の生産にも一定の労働を要し、この綿糸の生産中に消耗せられた部分を、例えば四時間の労働の対象化されたものとすると、生産手段自身ですでに二四時間の労働を要しているわけである。したがって綿糸六キロは三〇時間の労働の生産物ということになる。ところがもし労働の生産力が増進して同一時間に従来の二倍の綿糸を生産しうることになったとすると、紡績過程における六時間の労働に対して、二倍に増加した生産手段の生産に要する労働時間は四八時間となり、一二キロの綿糸が五四時間の労働生産物であるということになる。いうまでもなく生産手段の生産に要する労働時間は、紡績過程においては単に新生産物の生産に要する労働時間の構成部分をなすものとして、すでにその前に与えられているものにすぎない。かくて紡績過程の労働は、一方では綿花を綿糸にかえ、綿花や機械等の生産手段の生産に要した労働時間を新生産物たる綿糸の生産に要する労働時間の一部分とする、マルクスのいわゆる有用労働として機能し、同時にまた紡績過程の労働時間をも綿花その他の生産手段の生産に要した労働時間と一様なるものとして、新生産物の生産に要する労働時間とする、マルクスのいわゆる抽象的人間労働として機能するという、二重の性質を有しているのである。前者が特定の生産物、ここでは綿糸であるが、その生産に適合した特定の労働の面をなすのに対して、後者は綿花や機械の生産に投ぜられた労働と同様に、人間労働力の支出として、抽象的人間労働の面をなすわけである。もちろん、この二面は同一労働の二面にすぎないが、全く異なった面をなすわけである。これによって生産過程は種々なる特定の生産物を生産することができるのである。(1)

(1)　この労働の二重性は、マルクスによって「商品に表わされた労働の二重性」(『資本論』第一巻第一篇第一章第二節)として始めて明らかにされたために、商品を生産する労働に特有なるもののように、屢々誤解されるのであるが、決してそうではなく、むしろ反対にあらゆる社会の労働に共通なるものが、商品の生産においては、後に明らかにするように、特定の使用価値と共に一定量の価値を生産するという、商品生産に特有なる二重性となってあらわれるのである。

労働力は、元来、特定の有用労働に制限せられることなく、あらゆる生産物を生産しうる、種々なる有用労働として使用されるのであるが、そしてこれがまた上述のような労働の二重性の基礎をもなすわけであるが、このことはまた、労働力自身がその労働の生産物たる一定量の生活資料の消費によって再生産されるという事実に基づいて、人間社会の発展の物質的基礎をなすことになる。一日の労働をなす労働力の再生産に要する生活資料を一定とすれば、あるいはまた生活資料のある程度の増加を前提しても、労働の生産力の増進によって、生活資料の生産に要する必要労働時間は減少し、剰余労働時間は増加し、種々なる使用価値を有する剰余生産物を増産することができるからである。元々、人間は一日の労働によって一日の生活資料以上に多かれ少かれ剰余生産物を生産してきたのであって、この剰余生産物を生産する剰余労働時間が如何様に処理されるかは、それぞれの社会において生産自身が如何様にして行われるかに対応して決定され、歴史的に社会形態を区別することになる。資本主義は、古代、中世の社会と異なって、資本家的商品生産に対応して、この剰余労働時間をも、商品として購入され、生産過程に消費される労働力による労働の一部分として、したがってまたその生産物たる剰余生産物をも資本の生産物としての特殊の形態をもって処理するのである。それと同時にまた労働の生産力の増進にも特殊の動力を与えられることになるのである。

第二節　価値形成増殖過程

資本の生産過程は、あらゆる社会に共通なる労働生産過程においてその積極的要因をなす労働力自身をも、生産手段と共に商品として購入して行われるのであって、それは全く商品による商品の生産過程といってよい。この過程の主体は、もはや直接の生産者たる労働者にあるのではなく、資本にある。資本家もまた資本の人格化したものとしてこの過程における資本家的作業にあたるわけである。

今、労働力の再生産に要する一日の生活資料が六時間の労働で生産され、その代価を三志《シリング》とすれば、前節に述べた綿糸の生産を資本家的に行う場合、その生産に二四時間を要した綿花、機械等の生産手段には一二志を支払い、その生産に三〇時間を要した六キロの綿糸は一五志の価格をもって販売されれば、いずれも商品として、その生産に要した労働時間を基準にして売買されることになるわけであるが、それは労働者がその労働力の代価としてうる三志が、綿糸の生産をなす紡績資本家にとっては、その生産物たる六キロの綿糸の代価の内、四・八キロの綿糸の販売によって生産手段の代価一二志が回収されるのと同様に、一・二キロの綿糸の販売によって回収され、労働者にとっては、自己の労働六時間の生産物を商品交換を通して生活資料として得る代価であるということによるのである。三志は、この生産過程を基礎にして展開される商品交換関係の媒介をなすものにすぎない。しかもこの労働者の紡績資本家に対する関係は、紡績資本家と生活資料の生産をなす資本家との間の売買関係をも規制せずにはおかない。例えば紡績資本家が六時間の労働生産物を三志で販売しているのに、生活資料の生産をなす資本家が五時間の労働生産物を三志で労働者に販売しているとすれば、それは労働者に対してその生活資料を十分に与えないことになるばかりでなく、紡績資本家に対しても彼よりもヨリ多くの利益をえていることになるのであって、紡績資本家としては綿糸の生産をこのまま続ける意義を失うことになる。もちろん、資本家としては労働力と生産手段との購入に要した貨幣を、その生産物の販売によってできうる限りヨリ多くの貨幣として回収すればよいのであるが、労働者がその労働力の再生産に要する生活資料は必ずえなければならないという事情を基礎にして、資本は、その生産物をその生産に要する労働時間を基準として互いに交換するということになる。それは資本家が生産手段と共に労働力をも商品として購入して任意の商品を生産しうるということを基礎にして、いいかえれば資本家と労働者との生産関係が商品形態をもって結ばれるということを基軸にして展開されるのである。例えば労働者は自己の六時間の労働生産物を、たとい自ら生産した生活資料にしても、直接には得ることができないのであって、三志なる労働力の代価を通して買戻すのである。それは単に労働生産物が商品として交換されるというのではなく、生産過程自身が商品形態をもって行われることを示すものにほかならない。かくしてまたあらゆる生産物がその生産に要する労働時間によってえられるという労働生産過程の一般的原則は、商品経済の下にあっては、その交換の基準としての価値法則としてあらわれるのである。(2)

（2）　商品の交換が、その商品の生産に要する労働時間を基準とする、その価値によって規制せられるということは、如何なる社会にあっても、何らかの生産物をうるには、時によっては、また人によっては異なるにしても、一定量の労働を要するものであるという一般的な原則に基づくものであって、いわゆる労働価値説はこれだけでも否定しえないものと考えてよいのであるが、しかし商品の価値の実体を労働と規定し、その法則的展開を論証するということは、それだけでは十分ではない。例えばマルクスの場合にしても、まず小麦と鉄との二商品の交換関係をあげ、それらが適当の比率をもって交換せられるということは、互いにその使用価値が捨象されて等置されることにほかならないということから、商品体の使用価値を捨象して残るものは労働生産物としての一面であり、しかもそれは無差別の人間労働力の支出であるというように規定して、その労働価値説の論証としているのであるが、それはなお労働力の商品化を基礎にして展開される資本の生産過程におけるような、いわば積極的証明とはなっていない。商品体の使用価値の捨象ということも、商品交換関係に留まらず、生産過程自身においてあらゆる生産物の生産を任意に選択しうるという資本の場合に始めて具体的に展開されるものとなる。実際また「商品世界の諸価値に表わされる社会の総労働力は、無数の個別的労働力から成ってはいるのであるが、ここでは一つの同じ人間労働力とみなされる。これらの個別的労働力のおのおのは、それが社会的平均労働力という性格をもち、このような社会的平均労働力として作用し、したがって一商品の生産においてもただ平均的に必要な、または社会的に必要な労働時間だけを必要とするかぎり、他の労働力と同じ人間労働力なのである。社会的に必要な労働時間とは、現在の社会的に正常な生産条件と、労働の熟練および強度の社会的平均度とをもって、なにか或る使用価値を生産するために必要な労働時間である。」(『資本論』第一巻〔イ〕四三頁。〔岩〕㈠七四頁)というマルクスの規定も、資本の下に労働力が商品として購入されて行われる生産過程において始めて具体的に想定しうることである。それは古代、中世の諸社会における商品交換についてはもちろんのこと、資本主義社会においても多かれ少かれ残存する小商品生産者の場合にも、そのままにはいいえないことである。もっとも上述のマルクスの規定は、「一商品の価値がその生産中に支出される労働量によって規定されるとすれば、ある人が怠惰または不熟練であればあるほど、彼はその商品を完成するのにそれだけ多くの時間を必要とするので、彼の商品はそれだけ価値が大きい、というように思われるかも知れない。」(同上)という誤解に対して述べられているのであって、種々異なった商品がその生産に要する労働時間によってその価値を決定されるという問題と、同じ商品が人によってその生産に要する労働時間を異にする場合にも、同一の価値規定を受けるという市場価値の問題——この問題については後に第三篇第一章で解明する——とが共に考えられているようである。上述の規定の後に引きつづいて述べられている「たとえば、イギリスで蒸気織機が採用されてからは、一定量の糸を織物に転化するためには、おそらく以前の半分の労働で足りたであろう。イギリスの手織工はこの転化に実際は相変わらず同じ労働時間を必要としたのであるが、彼の個別的労働時間の生産は、いまではもはや半分の社会的労働時間を表わすにすぎなくなり、したがって、それの以前の価値の半分に低落したのである。」(同上)という例解も、第二の市場価値の問題であって、ここで解明すべき「諸価値の実体をなす労働は、同じ人間的労働であり、同じ人間的労働力の支出である。……」という第一の問題点は、それがために反って不明瞭になっている。なおマルクスは、この価値を形成する人間的労働について「それは、平均的にだれでも普通の人間が、特別の発達なしに、その肉体のうちにもっている単純な労働力の支出である」(同上〔イ〕四九頁、〔岩〕(一)八三頁)ことを明らかにした後に、「より複雑な労働は、ただ数乗された、またはむしろ数倍された単純労働にすぎないものとみなされ、したがってより少量の複雑労働がより大量の単純労働に等しいことになる。この還元が絶えずおこなわれていることは、経験の示すところである。或る商品がどんなに複雑な労働生産物であっても、その価値は、その商品を単純労働の生産物に等置し、したがって、それ自身ただ単純労働の一定量を表わすにすぎないのである。種々の労働種類がその度量単位としての単純労働に還元される種々の割合は、一つの社会的過程によって生産者の背後で確定され、したがって生産者たちには慣習によって与えられたものである。」(同上)といっているのであるが、これは種々異なった生産条件のもとに生産された生産物が、商品として交換される場合にも、価値としては同質のものであるという、商品交換の一般的規定を述べるものにすぎない。マルクスの場合は、価値の実体が労働によって形成せられるということをなお論証しえない、いわゆる商品生産一般において論証しようとしたために、複雑労働の単純労働への「還元」をも「生産者の背後で確定され」るものとせざるをえなくなったのである。商品経済は、生産物の交換による社会関係の確立と拡大とを求めるものであって、その本性としてあらゆる生産物に価値としての同質性を要請する。労働力の商品化による資本主義の発展は、従来の社会には見られなかった生産部面にも、かかる要請を具体的に実現することになったのである。マルクスは「……われわれの資本主義社会では、労働需要の方向の変化に従って、人間的労働の一定部分が、あるときは裁縫の形態で、あるときは織布の形態で供給される。このような労働の形態転換は、摩擦なしにはすまないかもしれないが、とにかくおこなわれなければならない。生産活動の規定性、したがってまた労働の有用的性格を無視するとすれば、労働に残るものは、それが人間的労働力の支出であるということである。裁縫と織布とは、質的に違った生産活動であるとはいえ、両方とも人間の脳、筋肉、神経、手などの生産的支出であり、この意味で両方とも人間的労働である。それらは、ただ人間的労働力を支出するための二つの違った形態であるにすぎない。たしかに人間的労働力そのものは、あの形態やこの形態で支出されるためには、多かれ少かれ発達していなければならない。商品の価値は、しかしただの人間的労働を、人間的労働一般の支出を、あらわしている。」（同上〔イ〕四八―九頁、〔岩〕八二―三頁）というのであるが、ここでも「労働の有用的性格を無視するとすれば」という言葉が、先の交換関係における交換としての「無視」を意味するものとすれば、なお「労働に残るもの」が「人間的労働力の支出」であるとしても、その根拠を明確にするものとはいえない。それに反してこの「無視」が、資本にとっての、したがってまた労働者にとっての「労働の形態転換」による「無視」にほかならないとすれば、それはもはや単なる「無視」ではなくて、特定の「有用的性格」そのものを目的にしながら何《いず》れにも「転換」しうるものとしての「無視」となるわけである。それにはもちろん「人間的労働力そのもの」が「多かれ少かれ発達していなければ」社会的に必要なあらゆる生産部面に全面的に展開されるものとはいえない。資本家的生産過程は、労働力の商品化によって、かくの如き全面的な、根柢的な商品生産を実現するものとして、商品の価値が労働によって形成されるものであることを明らかにするものとなる。労働価値説の論証は、従来の方法と異なって「資本の生産過程」において行われなければならないものと考えるのである。

しかし一日の労働力を商品として買入れた資本家は、労働力の消費を綿糸六キロの生産に要する六時間に留めなければならぬ理由はない。また労働者としても、その労働力を商品として販売せざるをえないという事情は、その労働時間を自己の生活資料の再生産に要する労働時間で打切ることを許すものではない。今、もし一日の労働が一二時間行われるものとすると、紡績資本家は、一人の労働者の一日の労働によって、一二キロの綿糸を生産しうることになるであろう。すなわち労働力には三志を支払いながら、生産手段に要する資本は二四志となり、その生産物は三〇志に販売しうるわけであって、三志の剰余価値をうることになるのであるが、それは生産手段を紡績資本家に販売する他の資本家はもちろんのこと、労働力を販売する労働者に対しても、その商品を安く買って、生産物たる綿糸を、それを購入する他の資本家その他の買手に対して高く売るということからえられるというものではない。その価値を支払って買入れた労働力が、資本の生産過程において新しく形成する価値によって、資本自身がその価値を増殖するのである。もちろん、資本家は、生産手段にしても、労働力にしても、できうる限り安く買い、その生産物たる綿糸はできうる限り高く売ることに努力するであろうし、また事実、そういう商人資本的活動によってえられる剰余価値も実際上は決して無視できないのであるが、そういう剰余価値は、前にも述べたように、個別的には資本の利潤をなすものといえるが、社会的には何等新たなる価値の形成による剰余価値をなすものでないいいかえれば資本が全体として得るものとして、資本の価値増殖過程を理論的に解明するものでもない。理論的には、上述したように商品が互いにその価値を基準として交換せられながら、しかも新しく資本の価値増殖がなされるということが明らかにされなければならないのであるが、それは資本の生産過程における労働力の消費としての労働による価値の形成過程を基礎として、いいかえれば労働者の資本家に対する関係によって始めて解明されることになるのである。(3)

(3)　資本の生産物としての商品の交換は、直接にはその生産に労働しない資本家の手を通して行われるのであって、直接の生産者による生産物の商品としての交換の場合にはむしろ当然に考慮せられることにならなければならない、労働交換の関係が前面にはあらわれないことになる。ところが直接の生産者がその生産物を商品として交換するという場合には、反って必ずしもその生産に要する労働によるものとはいいえない。そういう小生産者にあっては——少くともその生産物が商品として交換されるという関係においては——その労働の人間労働としての質的同質性がなお達成せられていないという場合が少くない。資本の生産過程は、その商品経済的形態規定に対応して労働生産過程自身も、特に機械的大工業の出現によって、単純な平均労働によって行われるものになるのであって、根柢からのその商品化によって、その生産物の商品としての交換をも必然的にその生産に要する労働を基準とすることになる。労働力を商品として販売してえた貨幣でもって自らの生産物を商品として買入れるという労働者にあっては、その生産物がその生産に要した労働を基準とすることは当然であるが、この労働者と資本家との関係がまた、直接に個々の資本家と労働者との間の関係としてでなく、社会的に、いいかえれば全社会の資本家同士の間の関係を通して結ばれることになるのであって、資本の生産物にあって始めて商品は、全面的に、かつ必然的にその価値関係を展開する。それは単に生産物の商品としての交換関係であるというのでなく、労働者と資本家との間の生産関係を通して行われるその生産物の交換関係である。また実際自ら生産したものを商品として交換するという小生産者の間には、自ら生産したものを直接には交換しえない労働者の場合と異なって、全面的な商品経済の展開が必然的とはいえない。さらにまた資本という、いわば客体的な、商品経済的規定の内に行われる生産過程の生産物だからこそ、その生産物の交換を必然的に価値関係として展開しうるのである。資本家も資本のこの規定にしたがって始めて資本家たることをうるのである。

しかし個々の資本家は、もちろん、自ら生産する商品が社会的に如何程需要せられるか、また他の資本家によって如何程生産せられるか、さらにまた根本的には個別的に種々異なりうる、その生産に要する労働時間のいずれがその価値形成の基準となるかを予《あらかじ》め知ることは、その私的生産者としての性質からいってできないことである。社会的需要に対する供給は、個々の資本家によって常に従来の価格を基準にして行われ、需要供給の関係によってあらわれる価格の変動を通して、事後的に社会的規制を受けることになる。それはまた一方ではそれぞれの商品の生産に要する労働時間を一定の社会的基準に一様化すると同時に、他方では全社会の労働力をそれぞれの商品の社会的需要に応じて配分することになるのであるが、個々の資本にとっては、いわば外部から強制せられる法則として作用するのである。もちろんそれは自然法則と異なって、個々の資本の下に労働する人間の行為自身によって形成せられる法則である。いいかえれば人間が自ら形成する法則によって支配せられることになるのであって、マルクスのいわゆる商品経済の物神崇拝的性格の根拠を明らかにするものとなる。すなわち商品の価値は、直接に人間の労働の対象化されたものとしてではなく、商品が物として有し、変動するものとせられ、したがってまた価値関係は物の社会的関係としてあらわれ、貨幣が商品に対しては物として直接に価値物とせられる――という商品経済に特有なる性格が、ここではいわば生産過程自身に基づいてその根拠を明らかにせられる。貨幣たる金をも含む、あらゆる生産物が、労働力の商品化によって、すべて商品として資本によって生産せられ、貨幣たる金自身も、その生産に要する労働時間の変化と共に、その価値を変化するものとして、商品の価値を尺度するものであることが明らかになる。事実、資本の生産過程においては、人間の行動自身が資本の運動としてあらわれるのであって、その物化が現実的となるのである。[4] かくしてまた労働の生産力の増進も資本の生産力の増進としてあらわれ、生産方法の発展もまたこの特殊の形態の下に促進されることになる。

（4）　商品経済の物神崇拝的性格は、商品自身よりも、商品に対して直接交換可能性を与えられている貨幣において、具体的にあらわれる。もっともそれは貨幣はもちろんのこと、商品にしても、そういう性格に対応して、それを根拠づける機能を現実的にもっているからであって、単なる物神崇拝をなすわけではない。ところが資本となると、商品や貨幣と異なって特定の使用価値と価値との関係ではなく、価値自身が種々なる使用価値としてその姿を変えながら価値増殖することになるのであって、商品経済の物神崇拝的性格は、いわば一段の深化をとげることになる。マルクスは「重金主義《モネタール・システーム》は本質的にカトリック的であり、信用主義《クレディット・システーム》は本質的にプロテスタント的である。」(『資本論』第三巻〔イ〕六四〇頁、〔岩〕(七)四二五頁)といっている。また「商品生産者の一般的社会的関係は、彼らの生産物を商品として、したがって価値として取扱い、この物的形態において彼らの私的労働を同等な人間的労働として相互に関係させるということにあるのであるが、このような商品生産者の社会にとっては、キリスト教が、その抽象的人間の礼拝をもって、特にそのブルジョア的発展たるプロテスタンティズム、理神論等において、最も適応した宗教形態となっている。」(『資本論』第一巻〔イ〕八五頁、〔岩〕㈠一四二頁)ともいっている。労働力の商品化によって、資本の形態の下に社会的に生産過程が展開されるとき、マルクスのいう「商品生産者の一般的社会的関係」も確立されるのである。それと同時に労働力の商品化によってすでにその物化を前提される資本の生産過程にあっては、その物化の「外観さえも消滅する」(同上〔イ〕八八頁、〔岩〕㈠一四九頁)のである。マルクスはいう。「重金主義は、金銀から、それらが貨幣としては社会的生産関係を、ただし奇妙な社会的な属性をもつ自然物の形態で、あらわしているということを、看取しなかった。しかし近代の経済学者も、高慢に重金主義を冷笑してはいるが、資本を取り扱うや否やその物神崇拝が明白になるではないか。地代は土地から生ずるのであって、社会から生ずるものではないという重農主義的幻想が消えてから、どれだけたったことか。」(同上)と。資本主義的生産の「物神崇拝的性格」は、経済学批判としての科学的解明を要するわけである。

第三節　資本家的生産方法の発展

G――W……P……W′――G′の産業資本的形式をもって展開される資本の運動は、G――W――G′の商人資本的形式、あるいはG……G′の金貸資本的形式と同様に、Gを投じてG′をうる資本の価値増殖を目標とするものではあるが、それはその運動過程の内に剰余価値を生産するものであって、単に商品を安く買って高く売るとか、あるいは貨幣を貸付けて利子を加えて回収するというように、その運動の外部から剰余価値をうるものではない。しかしこの価値の形成増殖は、専《もっぱ》ら労働力に投ぜられた資本によるのであって、生産手段に投ぜられた資本は、生産過程においてもその価値を新たなる生産物に移転せられ、保存せられるにすぎない。しかもその移転、保存自身も労働力の消費として労働によって行われるのである。商品、貨幣、資本の価値は、単に物としての商品、貨幣、資本が有するものではなく、人間の労働の対象化したものとして、いわば物としてあらわれる人間の関係にほかならないのであって、資本の生産過程は、そういう人間関係の新たなる形成過程として、価値を形成し、増殖するのである。生産手段が生産手段として使用せられる生産過程においては、価値を形成しないで、単にその価値を移転せられるにすぎないというのは、すでに労働の生産物として一定の価値を有するものとして使用せられ、何等新たなる労働をなすものではないからである。かくてマルクスは、労働力に投ぜられる資本は、新たなる価値を形成し、剰余価値を増殖するものとして可変資本と名付け、生産手段に投ぜられる資本は、その価値を新生産物に移転せられるにすぎないものとして不変資本と名付けたのであった。事実、生産手段の価値は、それが生産手段として使用せられる生産過程の外で決定せられるのであって、その増減は、新生産物の価値にそのまま移転せられてあらわれるのに反して、労働力の価値の増減は、新生産物の価値の増減としてそのままあらわれるものではない。一定の価値を支払って買入れた労働力は、資本の生産過程ではもはや価値を有するものではなく、その使用価値が労働として新たに価値を形成するのであって、生産手段のようにその価値を移転せられるものではない。剰余価値は、労働力の買入れに支払われた価値とこの新たなる価値との差額にほかならない。特に剰余価値として生産されるわけではない。したがって資本にとっては、労働力の使用価値をできうる限り利用することが剰余価値の増加をもたらすことになるのであって、労働時間をできうる限り延長し、あるいはまた一定時間における労働力の消費をできうる限り強化することがその目標となる。それは一定の価値を支払って買入れた商品としての労働力の使用価値をできうる限り十分に使用しようとするものにほかならないが、この場合、買入れた商品の使用価値自身が新しく価値を形成する労働であって、それは他の商品の場合のように、その使用価値が直接に人間の欲望を満足せしめる消費対象をなすというようなものではなく、そういう直接的な消費の欲望に制限せられない、価値増殖という無制限なる欲望の対象をなすことに注意しなければならない。(5)かくして労働者の生活資料の生産に必要なる、マルクスのいわゆる必要労働時間に対して、それを超過して剰余労働時間をできうる限り延長することが、いいかえれば労働の強度を一定とすれば、一日の労働時間、いわゆる労働日をできうる限り延長することが、資本にとってはその生産方法に特有なる基本的原理となる。いわゆる絶対的剰余価値の生産として、それは労働者に対する資本家の基本的関係を規定するものであって、マルクスはこれを剰余価値率 $\frac{m}{v}$（vは可変資本、mは剰余価値）をもってあらわし、労働力の搾取度を示すものとするのである。(6)

（5）　マルクスもいうように「資本は剰余労働を発明したのではない。いつでも、社会の一部のものが生産手段を独占している場合には、労働者は、自由であると不自由であるとにかかわらず、彼の自己維持に必要な労働時間に余分な労働時間をつけ加えて、生産手段の所有者のために生活手段を生産しなければならない。そしてこの所有者がアテネの貴族であろうと、エトルリアの神政者、ローマの市民、ノルマンの領主、アメリカの奴隷所有者、ワラキアのボヤール、近世の大地主、あるいはまた資本家、等々のどれであろうと、このことに変わりはない。とはいえ、ある経済的社会構成体にあって、生産物の交換価値ではなく使用価値のほうが重く見られ、剰余労働が、狭いにせよ広いにせよとにかく諸欲望の範囲によって制限せられている場合には、明らかに、剰余労働にたいする無制限な欲望は、生産そのものの性格からは生じない。それゆえ古代でも、交換価値をその独立の貨幣姿態で獲得しようとする場合、すなわち金銀の生産では、恐しいまでに過度労働が現われるのである。ここでは致死労働の強制が過度労働の公認形態なのである。」(『資本論』第一巻〔イ〕二四三―四頁、〔岩〕(二)一〇〇頁)。なおマルクスは続いて奴隷制、農奴制の経済が商品経済乃至資本家的商品経済と接触する場合の「過度労働」の事実を指摘しているのであるが、そしてまたワラキアのボヤールをとってイギリスの資本家的工場における「剰余労働への渇望」を対比するのであるが、本文ではただ資本家的なる「剰余労働への渇望」の一般的性質が問題なのである。

(6)　剰余価値の生産は、もちろん、可変資本だけによるわけではない。不変資本も必要とするのであって、資本家的には投資した全資本に対する剰余価値の比率としての利潤率が、後に明らかにするように、資本の投資部面を選択し、決定する基準として重要となる。それはいわば資本家と資本家との間の問題である。それに対してその基礎をなし、その前提をなすのが、労働者に対する資本家のこの関係である。

しかしながら資本の価値増殖も、この絶対的剰余価値の生産に留まる限り、発展性のない一定の限度を有するものにすぎない。労働時間の延長はもちろんのこと、労働の強化にしても比較的限られた範囲で行われうるにすぎない。(7)すなわち資本は、一定の剰余価値率を前提として、その資本量の増加にその発展を求めるほかはない。ところが労働力を商品として買入れて生産をなす資本は、すでに最初からある程度の数の労働者の労働力を買入れることを前提とするものであって、何らかの方法でその社会的労働による生産力の増進を利用することができるし、また利用せずにはいない。しかも労働の生産力の増進は、一日の労働時間を一定としても、労働者の生活資料の生産に必要なる労働時間を減じ、剰余労働時間を増加することになるのであって、いわゆる相対的剰余価値の生産をなすことになる。資本主義はかくして一般に生産力の増進に特殊の動力を与えられ、生産方法の急速なる発展を実現することになる。もっとも個々の資本は、直接にはかかる一般的なる相対的剰余価値の生産を目指して、生産力の増進をはかるものではない。他の資本がなお旧来の方法を採用している間に、新たなる方法を採用してその生産物の生産に要する労働時間を減少してうる特別の剰余価値を個別的にうることを目的としてこれを行うのである(8)。もちろん、この新たなる方法が普及すれば、その商品の価値自身を低下することになり、かかる個別的にえられる特別の剰余価値はえられなくなる。しかしその結果は、生産力の増進によって一般的に必要労働時間を減じて剰余労働時間を増加し、剰余価値の生産を増加することになるのである。即ち資本は、個々の個別的利益を直接の動機としながら、一般に社会発展の物質的基礎をなす生産力の増進をもたらす生産方法の発展を、資本主義に特有なる価値増殖の形態の下に、従来の如何なる社会にも見られなかった速度と規模とをもって実現することになったのであった(9)。

(7)　マルクスは「……商品交換そのものの性質からは、労働日の限界は、したがって剰余労働の限界も、出てはこない。資本家は、労働日をできるだけ延長して、できれば一労働日を二労働日にでもしようとするとき、買手としての自分の権利を主張する。他方、売られたその商品の特殊の性質は、買手によるその消費にたいするある制限を含めているのであって、労働者は、労働日を一定の正常な大きさに制限しようと、売手としての自分の権利を主張する。そこでここには一つの二律背反、どちらも等しく商品交換の法則によって保証される権利対権利が現われる。同等な権利どうしのあいだでは力がことを決定する。」(『資本論』第一巻〔イ〕二四三頁、〔岩〕(二)九九頁)といい、続けて「資本主義的生産の歴史では、労働日の標準化は、労働日の制限をめぐる闘争――総資本家すなわち資本家階級と総労働者すなわち労働者階級とのあいだの一闘争――としてあらわれるのである。」(同上)といっているのであるが、そしてまた「標準労働日のための闘争」が、「十四世紀半ばから十七世紀末まで」は「労働日延長のための強制法」としてあらわれ、十九世紀には「法律による労働時間の強制的制限　一八三三―一八六四年のイギリスの工場立法」としてあらわれていると述べているのであるが、そのことはすでに労働力なる商品が、その特殊性のために、その使用価値の消費においても、特殊の規定を受けるものであることを示すものである。しかしこの点は、なお後に明らかにするように、労働賃銀と共に、基本的には、労働力なる特殊の商品の売買を決定する、資本主義に特有なる人口法則のもとに展開される、資本の蓄積過程の内に歴史的に決定されるものとしなければならない。

(8)　この点も、また後に明らかにするように、資本の蓄積に特有なる、いわゆる景気循環の過程の内で、一定の時期に生産方法の改善が集中せられるという、特殊のヨリ具体的な規定によって補足されなければならない。

（9）資本は価値増殖をその基本原理としながら、生産物の価値を低落せしめることになる生産力の増進に何故に異常な熱意を示してきたかは、この相対的剰余価値の生産によって解明されるのであるが、そしてそれはまた資本主義諸国が何故に自然科学の発展を特に促進してきたかということの理由をも説明するものといえるのであるが、ここで注意しなければならないのは、資本にとっては生産物の価値も、それによってえられる剰余価値の獲得と関連して問題となるという点である。すなわち生産力の増進によって生産物の価値が低落するとしても、それによって剰余価値がヨリ多くえられることになれば、その価値の低落自身は問題にならないのである。その点では生産物をできる限り高く販売しようとする資本の要求と同じことに帰着するわけである。

多かれ少かれある程度の数の労働者を同一場所に集めてその社会的労働の生産力の増進を利用するという、いわゆる協業の普及は、資本家的生産方法には一般的なる、その特徴をなすのであるが、実際上は早くから分業を利用するマルクスのいわゆるマニュファクチァとして労働の社会的生産力の特殊の増進が利用されたのであった。それは旧来の個人的生産においては個々の生産者が作業過程の全体にわたって熟練することを必要としたのに対して、作業過程を分割し、労働者をも結局は部分労働者とすることによって、従来は生産過程に使用することのできなかった不熟練労働者を益々多く利用することを可能にするのであって、労働力の単純化と平等化とへの道をひらき、資本にとっては労働力商品化の実質的基礎を拡大するものにほかならなかった。もっともこのマニュファクチァによる生産力の増進は、一般に資本主義の初期を特徴づける、いわゆる問屋制度を採用する商人資本による個々の生産者に対する収奪的利益を圧倒しうるものではなかった(10)。分業を基礎とするマニュファクチァ労働者の使用する道具が、労働者の手をはなれて機械化し、いわゆる機械的大工業の発展を実現するとき、始めて工場生産は同種の産業に手工業生産の——したがってまた独立の小生産者による生産の——存在を許さなくなる。すなわち機械は、一方では作業を労働者の手から奪って労働を単純化し、熟練労働者を不用にすることによって労働者の範囲を広く婦人、少年等にまで拡大すると同時に、他方では多数の道具を、あるいは大規模の道具を使用することによって、労働の生産力を著しく増進することになり、労働者はまた機械的大工業の普及と共に、資本家的工場に働く以外には、その生活を維持しえなくなるのである。

(10)　中世紀的な手工業者が、ギルド(guild, gild)、あるいはツンフト(Zunft)によって規定せられる一定の年季をいれて、いわゆる職人としての熟練労働者となることを必要とせられたのに対して、分業に基づくマニュファクチァはそういう関係を技術的にも破壊することになる。それは明らかに資本家的関係を前提とするものであった。しかしそれは資本主義の初期の段階を決定するような力をもつものではなかった。この方法では、資本はなお職人としての労働者を十分に支配しえなかった。むしろ生産過程を直接に把握しない商人資本による個々の小生産者の問屋制度的収奪の方が資本にとっては有利だったのである。事実、マニュファクチァは、熟練労働者を完全に追放しうるものではなかった。マルクスも「十八世紀の大部分を通じて、大工業にいたるまでは、イギリスの資本は、労働力の週価値を支払うことによって労働者のまる一週間をわがものにすることには、農業労働者はしかし例外だが、まだ成功していなかった。」(『資本論』第一巻〔イ〕二八六頁、〔岩〕(二)一六七頁)といっている。

ところがこの点に関連して、マルクスの次のような言葉が問題になる。すなわち「マニュファクチァが資本主義的生産過程の特徴的な形態として広く行われるのは、ざっと計算して十六世紀半ばから十八世紀の最後の三分の一期に至る本来のマニュファクチァ時代のことである。」(同上〔イ〕三五二頁、〔岩〕(三)二七二頁)というのである。しかしこれはまさにこの時期の支配的な資本形態が商人資本であったということを排除するものではない。もちろん、商人資本が間接的にではあるが生産過程を支配した問屋制度なるものは、「資本主義的生産過程の特徴的な形態」をなすものではない。「生産過程」は旧来の小生産者形態のままで資本に支配せられるという、いわば変則的なるものにすぎない。それがまた資本主義の発生期の支配的資本形態たる所以を示すものといってよい。なお、この商人資本による収奪的利益は、産業資本による剰余労働の搾取と、概念上は明確に区別されなければならない。もちろん、資本としては産業資本も商人資本的形式を基本とするものであり、また実際上も収奪的利益を放棄するわけではない。しかし収奪という場合は相手の所有するものを取り上げることであって、単なる剰余労働の搾取をいうわけではない。実際また商人資本のそういう収奪的利益を主とする面は、資本の原始的蓄積の過程における旧来の小生産者の無産者化に極めて重要な役割を演じたのであった。

なおまた以上述べたところからも明らかなように、分業を基礎とするマニュファクチァは、機械的大工業と同じような意味で時代を劃するものではない。機械的大工業は、産業資本をして支配的な資本形態たらしめると同時に、機械的大工業の行われる同種の産業では手工業の存在を許さないことになるのであって、文字通りに機械的大工業の時代をなすわけである。したがってまた協業、分業によるマニュファクチァ、機械的大工業の展開は、そのまま歴史的時代を劃するものとなすことはできない。それはむしろ「資本主義的生産過程」の、いわば抽象から具体への展開であると同時に、マニュファクチァから機械を採用する工場への歴史的発展の過程を解明するものともなっているのである。協業が、「本来のマニュファクチァ時代」と並ぶ「本来」の時代をもたないということは、その関係を示すものといってよいであろう。

協業は資本家を多数の労働者の監督者とし、マニュファクチァはその組織者とするといってよいのであるが、機械的大工業にあっては多数の労働者の監督や組織も機械を通して行われることになり、資本家はいわば権力者化することになる。労働者はもはや機械を道具のように使用するというのではなく、自らは所有することのできない資本としての機械の下に従属的に労働するにすぎず、社会的労働の生産力の増進も完全に資本の生産力としてあらわれることになる。もっとも資本主義も、あらゆる産業の機械化を一挙に実現するものではない。イギリスにおける十八世紀末から十九世紀始めにかけてのいわゆる産業革命も、十六、七世紀以来の羊毛工業におけるマニュファクチュアの発展を基礎として、綿工業の紡績、織布の工程の機械化によって実現されたのであった[11]。従来、農業と多かれ少かれ直接的に結合されて行われてきた衣料品工業の資本主義化は、基礎産業としての農業と工業とを分離し、これを商品経済的に関係づけるのであって、いわゆる国内市場を形成することになるのであるが、それと同時に労働者の生活資料をも全面的に商品化して、一社会を根柢から商品経済化し、資本主義社会を確立することになるのである[12]。

(11) 「すべて発達した機械は、三つの本質的に違う部分から成っている。原動機、伝動機構、最後に道具機または作業機がそれである。原動機は全機構の原動力として働く。それは蒸気機関、熱機関、電磁気機関などのように、それ自身の動力を生みだすか、または水車が落水から、風車が風からというように、外部の既成の自然力から原動力を受け取る。伝動機構は、節動輪、動軸、歯輪、渦輪、回転軸、綱、調帯、小歯輪、非常に多くの種類の伝動装置から構成されていて、運動を調節し、必要があれば運動の形態を、たとえば垂直から円形にというように、変化させ、それを道具機に分配し伝達する。機構のこの両部分は、ただ道具機に運動を伝えるためにあるだけで、これによって道具機は労働対象を把握し、目的に応じてそれを変化させるのである。機械のこの部分、道具機こそは、産業革命が十八世紀にそこから出発するものなのである。それは今もなお、手工業経営やマニュファクチァ経営が機械経営に移るたびに毎日くり返し出発点となるのである。」（『資本論』第一巻〔イ〕三九〇頁、〔岩〕(三)三二八頁）

（12）すでに前にも述べてきたように商品交換は共同体と共同体との間に発生して共同体の内部に滲透して、共同体自身を商品経済化しつつ変化せしめるのであるが、資本主義の発生の場合も、近世初期の西欧諸国の国際貿易関係の発展の内に、イギリスに近代的統一国家を基礎づける国内市場を形成することになったのである。それは旧来の共同体経済をいわゆる国民経済に拡大するものであるが、同時にまた数多の共同体経済を一つの商品経済社会に解消し、統一するものにほかならなかった。ところがこの過程は、単なる商品経済化の過程として実現されるのではない。「小農民を賃銀労働者に転化し、彼らの生活手段と労働手段を資本の物的要素に転化する諸条件が、同時にまた資本のためにその国内市場をつくりだすのである。以前は、農家は生活手段や原料を生産し加工して、後にその大部分を自ら消費した。これらの原料や生活手段は今では商品になっている。大借地農がそれを売り、マニュファクチァに彼は市場を見出すのである。」（『資本論』第一巻〔イ〕七八七頁、〔岩〕(三)三九二頁）。「しかし本来のマニュファクチァ時代には、何等の根本的な変化も現われない。人々の記憶するように、この時代は国民的生産を非常に断片的に征服するだけで、つねに都市の手工業と家内的・農村的副業とを広い背景としてこれに支えられているのである。この時代は、これらのものをある種の形態、特殊の事業部門、いくつかの地点では破壊するにしても、よそでは再び同じものを呼び起す、というのは、この時代は原料の加工のためにある一定の程度まではこれらのものを必要とするからである。それゆえこの時代は、耕作を副業として営み、主業としては生産物をマニュファクチァに――直接にかまたは商人の手を経て――売るための工業的労働に従事する小農の新たなる一階級を生みだすのである。……」(同上〔イ〕七八八頁、〔岩〕㈣三九三頁)。かくて結局「大工業がはじめて機械によって資本主義的農業の恒常的な基礎を供し、巨大な数の農村民を徹底的に収奪し、家内的・農村的工業の根――紡績と織物――を引き抜いて農業と農村工業との分離を完成するのである。したがってまた、大工業がはじめて産業資本のために国内市場の全体を征服するのである。」(同上〔イ〕七八八―九頁、〔岩〕三九四頁)。なおイギリスの羊毛工業としてのマニュファクチァがその原料たる羊毛を国内に有したのに対して、綿工業としての機械的大工業がその原料たる綿花を外国から輸入しなければならなかったという事情は、この農業と工業との分離の完成に特殊の強力な影響を及ぼしたものといってよいであろう。もちろん、そういう事情そのものは何もこの過程を本質的に規定するものではない。しかしそれはまた資本主義の商業経済的特性――商品経済的に利用せられるあらゆる要因を利用するという特性――を示すものといってよいであろう。

労働の生産力の発展は、抽象的にいえば人類社会の発達の物質的基礎をなすものであるが、すでに述べてきたように剰余生産物の生産と分配の仕方によって種々異なった動力を与えられる。資本主義は、絶対的剰余価値の生産だけでなく、相対的剰余価値の生産によってその生産力の増進に特殊の動機を与えられることになるのであって、従来の如何なる社会にも実現しえなかった程に豊富な物質的生活資料と生産手段とを生産することができることになったのである。しかしこのことは直ちに労働者の生活を豊かにし、あるいはまたその労働を軽減するものとなるというものではなかった。機械の資本家的使用は、抽象的に考えられるようなものとしてではなく、剰余価値の生産増加という特殊の目的をもって行われるからである。しかも資本は、機械的大工業の発展によって単純なる労働力の商品化を実質的に確立しながら、なおそれを旧来の労働賃銀なる形態をもって売買したのであって、資本家にとっても、労働者にとっても、それは労働力の売買としては意識せられなかった。[13]また経済学も永くこの形態規定をそのままに受けとってきたのであって、賃銀によって一日の労働の価値が支払われるものと考え、資本の利潤の根源をなす剰余価値を科学的に解明することはできなかったのである。[14]それは奴隷の労働がすべて不払労働とせられるのに対応した誤りをおかすものであった。

（13）　労働賃銀という形態は、元々、例えば大工、植木屋等がいわゆる職人としてする仕事に対して受けとる報酬を意味するものであって、単なる労働力を商品とし販売する近代的な賃銀労働者の賃銀には適当しないものといってよい。おそらく手工業労働者が機械的大工業の労働者に転化する過程において、この形態はそのまま受けつがれたものと考えてよいのであろう。実際また労働力なる商品にあっては、その特殊性のために、一般に商品の販売に対して直ちにその代価が支払われるという原則にはよらないで、労働のあとから支払われるということになり、しかもその労働の後ということになれば、それは小生産者としての大工や植木屋の場合と同様に、特定の仕事としての、有用労働にほかならないのであって、この形態の引き継ぎは当然といってもよいのである。

(14)　労働賃銀が、労働力商品の代価としてでなく、労働の代価とせられる限り、マルクスがいうように「労働日が必要労働と剰余労働とに、支払労働と不払労働とに分かれることのいっさいの痕跡を消し去るのである。すべての労働が支払労働として現われる。」(『資本論』第一巻〔イ〕五六頁、〔岩〕㈢三五七頁)。もっともこの場合、支払労働とか不払労働とかという言葉自身がまた不精確な概念を与える虞《おそ》れがある。支払われるのは労働力の代価であって、労働自身ではないからである。しかしそれにしても「夫役の場合には、夫役民が自分のために行なう労働と彼が領主のために行なう強制労働とは、空間的にも時間的にもはっきりと感覚的に区別される。奴隷労働の場合には、労働日のうち奴隷が彼自身の生活手段の価値を補塡するだけの部分、したがって彼が事実上自分のために労働する部分さえ、彼の主人のための労働として現われる。彼のすべての労働が不払労働として現われる。賃労働の場合には、反対に、剰余労働または不払労働さえも、支払われるものとして現われる。前の場合には所有関係が奴隷が自分のために労働することを隠蔽し、後の場合には貨幣関係が賃銀労働者が無償で労働することを隠蔽している。」(同上〔イ〕五六五頁、〔岩〕㈢五七頁)といってよい。ただこの「隠蔽」が決して単なる隠蔽ではなく、商品経済的形態規定の内に労働力の商品化を通して行われるものであることに注意しなければならない。いいかえれば奴隷の場合は兎も角として、夫役農民の場合には明らかに階級関係としてあらわれるのに対して、賃銀労働者の場合には、その階級関係が商品形態規定の背後に隠蔽され、それ自身には何等の階級関係でもないものとしてあらわれるのである。

なお労働でなく、労働力が商品として売買されるということは、マルクスによって始めて明らかにされたのであるが、その点について労働賃銀の形態と関連してマルクスは次のようにいっている。「……〈労働の価値および価格〉または〈労賃〉という現象形態は、現象となってあらわれる本質的関係としての労働力の価値および価格とは区別されるのであって、このような現象形態については、すべての現象形態とその背後に隠されたものとについて言えるのと同じことが言える。前者は普通の思考形態として直接自然に再生産されるが、後者は科学によってはじめて発見されなければならない。古典派経済学は真実の事態にまぢかに迫ってはいるが、これを意識的に定式化することはしていない。古典派経済学は、ブルジョアの皮にくるまれているかぎり、それができないのである。」(同上(イ)五六七―八頁、(岩)(三)六一頁)と。

労働力の売買を労働の売買となす労働賃銀の形態は、さらにまた実際上はその形態に当然なることであるが、賃銀が時間賃銀として、あるいは個数賃銀として支払われることによって、その形態規定を強化されると共に、屢々資本家的に利用せられるものとなるのであった。それは元々一日の労働力の価値を通例の一日の労働時間、あるいは出来高をもって除した時間あたり賃銀、あるいは一個あたり賃銀たるにすぎないものであって、それがその労働の代価とせられるのであるが、それはまた一日の労働力の価値を支払うことなくして、労働力を任意に利用する手段となり、さらにまた残業手当、あるいは出来高による賃銀の増加をもって、労働時間の延長または労働の強化を強制する手段にもなる。事実、かくして行われる労働時間の延長、あるいはまた労働強化による生産額の増加は、たとい賃銀の増加がなされるにしても屢々剰余価値率を高めることになるのである。かくて機械的大工業による労働力商品化の実質的完成(15)は、この賃銀形態を通して資本にとって、労働力の購入にあてられる可変資本部分をも、生産手段の購入にあてられる不変資本部分と共に、資本の生産過程に必要なる費用、いわゆる生産費として一様化することになる。もちろん、この生産費なるものは、生産要素としての労働力と生産手段との購入費にすぎないのであるが、元来、流通形態たる資本はその生産過程をも流通過程の中に実現するのであって、この処理は資本にとっては当然といってよいのである。

(15)　すでにこの章の第二節「価値形成増殖過程」において単純なる労働力の商品化を前提として資本の生産過程における価値の形成増殖の過程を説きながら、この第三節の「資本家的生産方法の発展」において、相対的剰余価値の生産としての生産方法の特殊資本家的発展を通して、労働力の単純化を明らかにするということは、前後顚倒しているようにも見えるが、後者――資本家的生産方法の発展――は前者――資本の生産過程における価値形成増殖過程――を前提として始めて理論的に展開されるのであって、この外観的顚倒は、歴史的に生成される対象の理論的解明には当然なることである。実際また、すでに注意したように、この「資本家的生産方法の発展」は、決して具体的なるその歴史的発展の過程をそのままに説くものではない。いわば資本主義が自ら前提とする単純なる労働力商品を自らその特殊なる発展動力によって実質的に完成するものとして、その自立性を明らかにするのである。

第二章　資本の流通過程

G――W……P……W′――G′の形式の内に生産過程Pを遂行する資本は、その生産をも購入した商品Wによって行うのであって、生産物の生産に要する労働をそのままその費用とするものではない。前に明らかにしたように、価値形成増殖過程としては、資本としても、生産手段の生産に要した労働をも、労働力による新たなる労働と共に生産物の生産に必要なる労働としなければならなかったのであるが、この流通過程の面においては、逆に労働によって新しく価値を形成する労働力も、生産手段と共に、商品として購入されたものとして生産に必要なる費用とせられるのである。生産過程における価値の形成増殖の過程も、流通過程においては、出来うる限り安く買入れるということが、出来うる限り高く売るということに対応して、その生産費を少くすることによって価値増殖をなすという、個々の資本による価値増殖の現実的過程の内に包摂されることになるのである。それと同時に、生産過程に要する時間は、生産物の生産に要する時間としてではなく、生産条件としての労働力と生産手段とに投ぜられた資本が、新たなる商品として出現するために必要とする生産期間として、流通過程に必要とされる時間としての流通期間と共に、資本の価値増殖を制約するものとしてあらわれる。生産条件としての労働力と生産手段との資本としての費用に対応して、生産、流通の時間的経過そのものが費用化されるのである。資本は、貨幣形態にあるにしろ、商品形態にあるにしろ、あるいはまた生産条件として生産過程にあるにしろ、すべて一様に、いわゆる遊ばしてはおけないものになるのである。

もちろん、かかる形態のために、生産過程における資本による価値の形成、増殖の事実が解消されるわけではない。むしろそれはそういう外的形態の基軸をなしているのである。ただ流通形態としての資本は、それがために生産過程を直接にかつ精確に価値の形成増殖過程とはしないことになる。個々の資本としての利潤の獲得の内に、いわばその実質的根拠をなすものとしてしか把握できない。それは商品経済に当然なる形態的廻り道といってよい。商品の価値の実現が、貨幣による価格の運動を通してしか行われえないのと同様である。すなわち商品の価値が、繰り返し行われる売買の過程の内に社会的に商品交換の基準となるのと同様に、個々の資本は、その商品生産物の販売によって実現される利潤を、G――Wに投じた生産費に対する販売価格の超過分として獲得しながら、その内に生産過程において形成せられた価値増殖を実現するのである。個別的には、いわば増減常なき利潤が、社会的には一定の基準を有していることになるのであるが、それは資本の運動の特殊の形態にもかかわらず資本の生産過程における価値増殖がその基礎をなしているからである。それは個別的な現象をもって否定することのできない事実である。ただそれが商品経済的に直接的にはあらわれないで、資本の流通過程における現象形態を通してあらわれるのである。いわば流通論で与えられた形態規定が、資本の生産過程によって、その実体的根拠を明らかにされ、資本もその価値増殖を法則的に規定されたのであるが、しかしそのことによって資本の運動自身はそれに特有な流通形態的規定のもとに行われることを解除されるわけではない(1)。特有な形態規定を展開するのである。

（1）マルクスは『資本論』第二巻で「資本の流通過程」を扱うにあたって、次のように、資本の流通形態の解明に対する方法論的な注意を述べている。すなわち「これらの形態を純粋に把握するためには、まず形態転換と形態形成そのものには何の関係もない契機がすべて捨象されなければならない。それゆえ、ここでは、商品はその価値どおりに売られるということが想定されるだけではなく、この売りが不変の事情のもとで行われるということも想定されるのである。したがってまた、循環過程で起きることがありうる価値変動も無視されるのである。」(『資本論』第二巻〔イ〕二三―四頁、〔岩〕四四二頁)と。しかし、この場合も「商品は価値どおりに売られる」ということが、実は価値以下に、あるいは価値以上に売られるということが繰り返し行われる過程の内に行われ、こういう理論的研究に想定される一般的な規定も可能になるという点を無視してはならない。すでに第一篇第二章貨幣で明らかにしたように商品形態に特有なる形態を前提とし、それが資本の生産過程を明らかにされることによって、いわばその社会的内容を与えられ、その上でここに資本の流通形態を再び明らかにしなければならないことになるのであるが、それというのも商品経済は、資本によって生産過程を把握し、一社会を歴史的に確立する根拠をえたにしても、なおその「形態」は、直接、社会的実体としての生産過程を把握するものとはならないのであって、資本の運動に特有なる「形態転換と形態形成そのもの」を媒介とせざるをえないからである。もちろん、個々の資本にとっての具体的な、しかし表面的な事実としての形態規定によるだけでは、理論的解明はできないが、そういう表面的事実としてあらわれる形態規定の内に社会的関係が形成せられ、それによって理論的規定も可能になるのである。マルクスは、「資本の蓄積過程」を論ずる場合にも「以下では、資本はその流通過程を正常な仕方で通るということが前提される。この過程のもっと詳しい分析は第二巻で行われる」(『資本論』第一巻(イ)五九二頁、(岩)(三)九九頁)といっているが、商品経済では、いわば「正常」でない「仕方」の内に「正常な仕方」が実現されるものとして、この「正常な仕方」をも理解しなければならない。商品経済の法則性は、無政府的な諸「契機」をただ「捨象」してしまったのでは、「形態」規定を「純粋に把握する」ということはできなくなる。マルクスがこれらの言葉をどういう考えで述べたかは別として、簡単に「価値通り」の売買を「正常」な状態としたのでは、無政府性を通して実現される法則性という、商品経済に特有な社会的規制の仕方とそれに適応した形態規定が無視されることになる。無政府性は決して無法則性ではない。いいかえれば無政府性を通して実現される法則性が「正常な仕方」なのである。したがってここで「商品は価値どおりに売られるということが想定されるだけでなく、この売りが不変の事情のもとで行われるということも想定される」としても、資本の流通形態が、商品、貨幣の形態による無政府性を解除されるということになるわけではない。むしろ反対に商品経済の無政府性に適応した流通形態が生産過程を把握するための、特有な形態規定を明らかにしようというわけである。

すでに述べてきたように、資本は、価値の運動体として、終点G′から当然に始点Gに帰って同じ過程を繰り返すことになるのであって、G――W……P……W′――G′は、次頁のような循環運動をなすのであるが、しかしこの場合は、G――W――G′、あるいは

G……G′の形式と異なって、その運動は、単に貨幣をもって始まり、貨幣をもって終る貨幣資本の循環をなすものとはいえなくなる。G——W……P……W′——G′に対して、生産過程Pに始まるP……W′——G′・G……Pの生産資本の循環、さらにまた商品資本W′に始まるW′——G′・G——W……P……W′の商品資本の循環をもなすものとしなければならない。

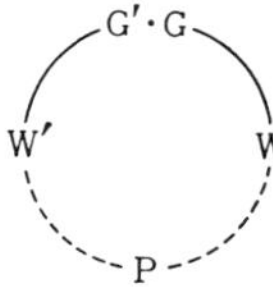

それは産業に投ぜられる資本の運動の三面を示すものとなるのである。実際上は、生産過程が継続的に行われるように、全資本が一定の割合をもって貨幣資本G、生産資本P、商品資本W′に配分せられるわけである。すなわち資本の基本的部分が生産過程にあって生産をなしつつある間に、他の部分はG——Wの過程にあって次の生産を準備し、さらにまた他の一部分はすでに生産物として市場に出てW′——G′の過程に入っているというように、資本の運動の時間的に展開される変態過程が、空間的に並んで進行しているということになる。工場と販売部と会計掛とは、常に同じ生産、販売、出納の事務を繰り返しているとき資本は、順次にその各部面を通過して価値増殖をなすわけである。マルクスは、生産過程にあって価値形成増殖をなしつつある生産資本に対して、商品、貨幣として流通過程にある資本を流通資本として区別するのであるが、この流通資本は、商品として販売されて貨幣となり、その貨幣によって生産手段と労働

力とが商品として購入されることになると、生産資本に転化する。生産資本はまた生産過程を終ると商品として流通資本に転化するというように、常に互いに転換する、運動体としての資本の二面をなすわけである。(2)

(2)　価値の自己増殖をなす運動体としての資本の規定は、マルクスによって始めて明らかにされたものであるが、運動体として当然に、この循環の三形式のいずれかの一つをとってそれを資本の運動と固定することは誤りである。もちろん、問題によってその一つがとられることになる。マルクスは「W′……W′はケネーの経済表の基礎になっている。そして彼がG……G′(重商主義がそれだけを切離して固守した形態)にたいしてこの形態を選んでP……Pを選ばなかったということは、偉大で正確な手腕を示すものである。」(『資本論』第二巻〔イ〕九五頁、〔岩〕㈣一四八頁)といっている。ケネーの経済表は、マルクスでは後に述べるようにいわゆる再生産の表式とせられるものであって、マルクスもこの表式をW′……W′の商品資本の循環をもってするのである。重商主義のG……G′に対して、古典派の経済学はむしろP……Pを対置するわけである。

なおG――WのWは、すでに資本にとっては商品資本としてあるわけではなく、すでに生産資本である。したがってそれを始点とするW……Wは、W′……W′のように商品資本の循環をなすわけではない。また資本のこの循環運動における、貨幣、商品、生産要素のいずれの一つをとっても、これを資本となしえないということは、すでに述べた通りであるが、その点についてここで注意すべきことは、資本としての貨幣、商品、あるいは生産手段と労働力としての生産要素のいずれも、それ自身では単なる貨幣、単なる商品、単なる生産要素として機能しながら、同時に資本としての運動の各部面における役割を演ずるという点である。例えば貨幣で商品を買うということ自身は貨幣の機能たるにすぎないが、それが特定の生産手段とこれを運転するに必要な労働をなしうる労働力の一定量とを商品として買うということになると、資本の運動の一部面を担当するものとなる。しかし貨幣も労働力の売手たる労働者の手に渡ると資本ではない。同様に、資本の生産物なる商品も労働者によって購入されれば、もはや資本をなすわけではない。生産過程において労働力と生産手段とによって新生産物が生産されるという場合も同様である。常識的には今日もなお屢々資本を貨幣としたり、生産手段としたりするが、それはこの運動体としての一面を固定して誤り解したものにすぎない。

資本の流通過程は、生産過程にある生産資本を費用化すると共に、生産期間をも流通期間と共に費用化することになるが、生産期間が生産過程の技術的規定にしたがって一定化されるのに対して、流通期間の方は必ずしも一定しない。そこでこの費用化される流通期間をできうる限り短縮すると同時に均等化することが問題になる。商品の販売のために店舗を開き、通信をなし、帳簿に記入する等の、いわゆる純粋の流通費用は、後に明らかにするように、商業資本としての独立の資本の担当の下にその節約が行われ、平均化が行われることになる。これに対して商品が多かれ少かれ流通過程に留まる間その使用価値を損傷されないようにする保管の費用、さらにまた生産場所から販売場所に移転されるための運輸の費用も、同じく流通費用といってよいのであるが、売買のためのの、いわゆる純粋の流通費用と異なって、使用価値としての商品に実質的関連を有するものとして区別されなければならない。もちろん、保管にしても、運輸にしても、新しく使用価値を形成するものではないが、しかし商品経済に特有なるものではなく、むしろあらゆる社会に共通に必要とせられる費用として、またその範囲においてそれは商品に新しく価値を追加するものとなるのである。運輸は、いわば流通過程に延長された生産過程であり、保管は流通過程における、いわば消極的なる生産過程をなすものといってよいであろう。(3)

(3) 実際は、いわゆる純粋の流通費用としての売買の費用は、保管、運輸と多かれ少かれ結合せられているが、理論的には、それを分離してその相違を明らかにしなければならないのである。またその点と関連して前者が何等の価値をも追加しないのに対して後者は価値を追加するというのは、一般に価値規定の基礎があらゆる社会に共通に要する労働費用にあるということによるわけである。売買は、運輸、保管等と区別された純粋の流通費用としては、商品経済に特有なるものにすぎないので、価値を形成することにはならないのである。もちろん、価値の形態そのものは商品経済に特有なるものであるが、その実体をなすものは、あらゆる社会に共通なる社会的労働協同体にあることに注意しなければならない。それがまた価値関係を法則的に展開する基礎ともなるのである。しかしそれだからといってこの社会的労働協同体は、必ず商品経済として現われるというのではない。商品経済もこの社会的実体を把握しなければ、一社会を支配することにはならないというのである。資本主義社会はまさにそういう一社会であるわけである。

なお保管については、特に資本家的商品経済の下にあって、それに適応した変化を受ける点を注意すべきである。例えば商品形態をもってする保管の増加は、直接に消費のためにする保管を減少せしめることになる場合が少くない。また運輸については、もちろん、物の輸送だけでなく、人間の輸送も行われ、そしてそれはいわゆるサーヴィス産業の発展として、段階論乃至現状分析では無視しえない問題となるが、原理論としては、直接には物の生産に関係がないために、例えば価値の形成に関しても物の輸送に対する規定を援用する以外には、問題にならない。

貨幣を投じて一定期間の後に、これをヨリ多くの貨幣として回収する貨幣資本の循環は、元来、出発点の貨幣が一般に資本の投下の出発点をなすものであり、終点のG'が資本の一般的目標をなす価値増殖を計量し、表示する唯一の標準をなすものとして、一般に資本の循環運動を代表するものであり、またその内には資本が商品、貨幣としてある流通期間と、一定量の商品の生産に要する、広い意味での生産期間[4]、さらにまたその生産期間の一部分をなす労働期間とを含み、それぞれ一定の期間を要するものとして、一般に資本の価値増殖を制約する回転の速度を計る基準ともせられるのである。しかし機械その他の労働手段の価値は、この循環運動の一回転と共にその全部を回収されるわけではない。その資本は、ひとたび生産過程に投ぜられると、一定期間はそのまま生産過程に留まりながらその使用期間に応じてその価値を一部分ずつ生産物に移転せられ、回収せられるにすぎない。これに反して原料のような生産手段は、新たなる生産物の生産と共にその全価値を新生産物に移転せられ、回収せられる。これは生産過程における生産手段としての機能の相違によってその価値移転の仕方を異にすることに基づく区別であって、前者は固定資本、後者は流動資本といわれる。それは貨幣資本、商品資本としての区別ではなく、生産資本としての機能による区別である。同一物でも例えば耕作に用いられる牛は固定資本であるが、肥育のための牛は流動資本である。もちろん、商品として売買せられるときは、すでに生産資本ではなく、商品資本であって、固定資本でも、流動資本でもない。またそれは単に生産過程にある期間の長短による区別でもない。例えば長期の生産期間を要するにしても造船材料は船舶の生産過程では流動資本であって、固定資本ではない。もちろん、造船に必要な機械、器具、ドックその他の設備は固定資本である。しかし船舶が資本家的な海運事業に使用せられる場合は、場所的に固定しているわけではないが、その資本の固定資本部分をなすことになる。かくして固定資本は、貨幣資本の循環による資本の一回転では、新たなる生産物に移転せられ、回収される流動資本部分の価値と共に、その価値の一部分を貨幣として回収されるにすぎないのであって、それはいわゆる償却資金として積立てられて、固定資本の更新にあてられることになるのである。

（4）　生産期間には、労働の行われない期間が含まれる。例えば原料又は製品の乾燥、あるいは作物の成熟等々、労働は行われないが生産過程に属する期間が、産業によって種々異なるが、多かれ少かれある。したがって資本の回転は、この労働期間を出る生産期間によって制約されるわけである。なお労働期間が生産方法の変化によって短縮されるのと同様に、労働過程でなく自然的過程によって決定される生産期間も、さらにまた流通過程に延長された生産期間ともいうべき運輸に要する期間もまた、技術的方法の進歩によって短縮される。いずれも資本の価値増殖を促進することになる。

労働力に投ぜられる可変資本部分もまた、原料等の流動不変資本と共に、資本にとっては、一回の生産過程の生産物の販売によって回収され、再び投ぜられるものとして一般に流動資本とせられるのであるが、すでに述べてきたように労働力は生産過程においては価値を有するものではなく、価値を形成するものであって本来の流動資本をなすものではない。ところがこの資本部分こそ資本価値の増殖をなすものであって、生産期間によって決定されるその回転の速度は、資本の価値増殖に対して、生産手段としての固

定資本部分や流動資本部分の回転と異なって、いわば積極的意義を有しているのである。(5)

(5)　実務的には、一定期間の売上高を総資本額をもって除したものを資本の回転率とするのであるが、これは売上高の中に新たに形成された剰余価値部分のあることを無視した便宜的な指標をなすものにすぎない。それは兎も角として資本の利潤率に規定的に影響する資本の回転率は、この可変資本部分の回転率である。資本の流通過程は一般に、資本の価値増殖に対しその回転速度が制約をなすことを示すのであるが、しかしそれは流通過程としての性質からその時間的経過が価値増殖に対する消極的制約をなすものとしてにすぎないのであって、この可変資本の積極的意義は見失われ易い。事実、固定資本部分は、その回転に幾年を要するにしても、それは資本の価値増殖にはそれ自身としては関係のないことである。むしろ価値増殖に直接関係ない不変資本を大きくするものとして問題となるにすぎない。不変流動資本部分についても同様である。

これに対してW′――G′・G――Wの流通過程にある商品、貨幣の形態にある資本部分は、全くその流通期間の長短によって、資本の価値増殖を消極的に制約するものである。特にW′――G′に一定の期間を要するということは、その間、生産過程がその固定資本を遊休せしめないためにも必ず追加的資本を必要とするのであって、それは資本にとっては必要資本額の増減に影響するものとして重要な問題になる。すなわち商品の販売がおくれて流通期間が延長されれば、それだけに可変資本を含む流動資本部分を補う貨幣資本の増加を必要とし、その期間が短縮されればかかる貨幣資本の剰余を生ずることになる。かくて独立の商業資本が、流通資本としての商品の貨幣への転化を引受けて流通費用を節約し、平均化するのと同様に、銀行資本は、産業資本の間に入って、一般にその余剰の貨幣資本を相互に資本家社会的に利用せしめ、その増減を調節する金融機関となるのである。(6)

（6）この点では、銀行資本の産業に対する関係は、後に明らかにするように、商品を買取ってその販売を引受ける商業資本よりも、いわばヨリ内部的である。しかも原理的にはこの点が銀行資本の基本的規定を与えるのである。銀行資本は産業資本の外にある金貸資本ではない。また金貸資本である限りは、形態的には兎も角その内容規定を原理的に与えることはできないのである。

生産過程において労働によって新しく生産された価値は、W′——G′の過程において始めて流通することになるのであるが、先に述べたように、労働力に投ぜられた可変資本部分は、不変資本部分のようにこの新生産物にその価値を移転せられるわけではない。しかし資本の流通形態規定から不変資本部分と同様に貨幣として回収されるものとせられるのであって、剰余価値部分はこれによって資本の価値増殖分として確定される。そしてまたこの剰余価値部分は、W′——G′の過程によって貨幣に実現されると共に、資本の流通と分離しうることになる。資本Gに対してgとして分離されると、それは資本家の個人的消費のために支出されることにもなるし、また資本Gに一部また全部を加えられて資本の流通に入ることにもなる。前の場合は資本は従来の生産過程をそのまま繰返すものとしていわゆる単純再生産をなし、後者はヨリ大なる資本による生産を始めるものとして拡張再生産をなすわけである。もちろん、いずれの場合にしても剰余価値gは、資本の流通から離れて、自由に使用しうる資金をなすわけであって、多かれ少かれ貨幣形態に留まるものとしてよい。そしてそれはその間、後に述べるように、銀行を通して前述の流通上の余剰資金と共に資本家社会的に利用されることになる。しかしここでかかる資金の形成の前提をなす資本の流通過程からすれば、屡々誤り解されるように資本の運動が剰余価値gの実現を窮極目標とし、剰余価値が貨幣のままに蓄積されるということにはならないことが明らかになる。資本は、もちろん、Gをヨリ多くの価値物たるG′に実現することを目標とするものではあるが、Gが再び資本としての運動を続けられるのと同様に、gもGに加えられて拡張再生産をなすのが原則である。それは単にヨリ多くの貨幣の蓄蔵を目標とするものではない。拡張再生産をなすものとしての資本の蓄積がその目的をなすわけである。しかしまたこの資本の蓄積が行われるにしても、剰余価値部分が多かれ少かれ資本家の個人的消費に充てられることは当然である。かくて資金としての貯蓄は、いわばその一時的姿態にすぎないのである。W′——G′の過程に含まれるw——gは、資本家の個人的消費として、あるいはまた資本に加えられて、g——wの次の流通を展開する。

$$W' - G' \cdot \begin{cases} G - W \cdots P \\ g - w \end{cases}$$

というように、剰余価値部分は、資本の流通過程に、いわば附属的な流通をなすわけである[7]。かくして資本は、その再生産過程を展開するのである。

(7) マルクスは、W′——G′の過程において商品流通に必要なる貨幣量という問題の外に「資本主義的生産の立場からすれば、特別の問題をなすかのような外観」を呈する剰余価値実現のための貨幣についての問題が、従来、解決されないできたことを指摘している(『資本論』第二巻〔イ〕三三三五頁、〔岩〕(四)四九六―八頁)。すなわち例えば生産手段と労働力とに四〇〇と一〇〇とを投ずる資本家は、五〇〇の貨幣を市場に投ずるのであるが、それが如何にして剰余価値一〇〇を加えた六〇〇の貨幣を市場から引きだしうるか、という問題である。これに対してマルクスは次のように答えている。「実際には、一見いかにも逆説的に見えるが、資本家階級自身が、商品に含まれている剰余価値の実現に役立つ貨幣を流通に投ずるのである。だが、注意せよ、資本家階級はそれを前貸貨幣として投ずるのではない。すなわち資本として投ずるのではない。資本家階級はそれを自分の個人的消費のための購買手段として支出するのである。

……」(同上)と。この点は、本文でも述べたように資本の運動を単に貨幣資本の循環として見ただけでは不十分であることを示すものといってよいであろう。資本は、Ｇを投じてＧ′をうることを目標とするにしても、そしてそれは資本の運動の基本的一面を示すものではあるが、それだけでは決してその全面を明らかにするものではない。流通過程においては剰余価値部分は、単純再生産ではｗ――ｇ――ｗ′の流通をなし、拡張再生産でもＷ′――Ｇ′・Ｇ――Ｗの過程において同様にＷ――Ｇ――Ｗ′の商品流通の内に、いわばＷからＷ′への転化に加えられるのである。それは貨幣への実現を窮極目標とするものではない。資本家が「自分の個人的消費のための購買手段として支出」した貨幣をもって剰余価値を実現したとしても、その貨幣によってまた「自分の個人的消費のための購買」をなすことになれば、その「消費」は剰余価値部分の消費にほかならない。ただ貨幣への実現だけを剰余価値の獲得と考えることから自らの投じた貨幣によることを「逆説的に」見せるにすぎない。実際また先に自ら投じた貨幣自身はすでに商品を買入れて自ら消費しているのであって、その貨幣によって剰余価値を実現したからといって、自分の貨幣で剰余価値を実現するということにはならないのである。拡張再生産の場合も同様である。貨幣は、いわばＷとＷ′との間の流通手段として機能するにすぎない。もっともそれだからといって、この貨幣が多かれ少かれ資金形態で貯蓄されることを否定するわけではない。

なお貨幣たる金自身も他の商品と同様に資本によって生産されるものであることをここでも注意しなければならない。それは貨幣として使用されることから当然にその摩滅減損される部分を補顚するためにも必要であるが、それればかりでなく資本家的生産の拡張に伴う商品流通の増大によって必要とされる貨幣量が——流通速度の増進、あるいは信用関係の拡大によって節約はされるが——増加するということからも必要となるわけである。もっとも貨幣なる金は、単に流通手段としての貨幣ばかりでなく、一般に貨幣として使用せられるためにだけ生産されるわけではない。他の用途にもあてられるものが、貨幣としても使用されるという関係にある。後に明らかにするように、貨幣材料となる金の生産も他の商品と一定の社会的関係のもとに生産されるのである。

第三章　資本の再生産過程

第一節　単純再生産

——資本の再生産と労働力の再生産——

マルクスもいうように「社会は、消費をやめることができないように、生産をやめることはできない。それゆえ、どの社会的生産過程も、それを一つの恒常的な関連のなかで、またその更新の不断の流れのなかで見るならば、同時に再生産過程である。」(『資本論』第一巻〔イ〕五九三頁、〔岩〕㈢一〇二頁)。いうまでもなくここで「やめることのできない」といわれる消費は、同時にまた生産を繰り返し行う労働力の再生産過程をなすのである。一般的にいって生産過程は労働力と生産手段との消費によって物を生産するわけであるが、そしてその物の中には当然に生産過程で消費される生産手段を含み、物の生産過程は同時にその再生産過程でもあるのであるが、労働力は、この生産過程において生産された物の消費によって始めて再生産されるのである。それはあらゆる社会において何らかの方式によって不断に繰り返される、社会存続の絶対的基礎をなす過程である。もちろん、資本主義社会もこの過程を繰り返しているのであるが、それがこの社会では資本の不断の運動として実現される。そしてそれはまたあらゆる社会に通ずる再生産過程における経済の原則を商品経済に特有なる法則の内に実現することになっていることを示すわけである。すなわち生産過程における物の生産が価値法則に規制せられつつその再生産過程をなすと同時に、労働力もまた消費過程において商品として販売される労働力として再生産されるということになるのである(1)。

(1)　もちろん、労働力の再生産過程は、本来消費過程であって、生産過程ではない。したがって労働力商品にしても、それは労働者の生活の内に再生産されるのであって、物として、したがってまた商品として生産されるわけではない。しかし労働力の商品化は、労働力の再生産をも労働力商品の生産過程として強制するのである。労働力の消費過程が物の生産過程であり、物の消費過程が労働力の生産過程であるということは、生産過程を消費過程と同一視することを許すものではない。生産過程は物の生産過程であり、消費過程は物の消費過程である。生産過程における生産手段や労働力の消費も、生産的消費といわれるが、それは決して本来の消費過程をなすものではない。

資本は、その生産物W′を販売してG′に実現すると、次の生産のためにまずその内から生産過程に消費した生産手段を再び購入する。もちろん、固定資本部分に対しては前に述べたように、その将来における更新のために償却資金を積立てる。そしてまた一方では労働力を購入するのであるが、その代価として支払われる賃銀は、労働者が資本の下に生産した生活資料を商品として買戻すための貨幣になるわけである。労働力を商品として販売し、資本の下に労働する労働者は、自ら生産するものをも資本の生産物として生産するのであって、労働力の再生産に必要な生活資料も賃銀によって買戻さなければならないのである。いいかえれば物の生産過程と消費過程とが、前者は資本の生産過程として、後者は賃銀労働者の生活として、両者が商品形態をもって、価値法則に規制せられつつ、連結されているわけである。

かくして資本の生産過程は、年々消費される生産手段と生活資料とを再生産しつつ自らは生産することのできない、しかしその生産過程に欠くことのできない、というよりもむしろその基本的動力をなす労働力をも労働者の生活を通して再生産することになる。

それは生産手段と生活資料という物の再生産過程でありながら、同時にまた資本家と労働者との社会的関係の再生産過程である。いわば賃銀労働者の今日の労働は、新たなる生産物と共に価値を、したがってまた剰余価値を生産しながら、明日の己の社会的地位をも賃銀労働者として再生産しつつあるということになる。労働力の商品化が、その価値規定を通して労働者に労働力を商品として再生産せしめるのである。それはその生産物を資本の生産物とすることに対応して、自らを賃銀労働者として再生産するわけである。(2) かくしてまた労働者の個人的生活は、マルクスもいうように、「つねに資本の生産および再生産の一契機」(3)(『資本論』第一巻〔イ〕六〇〇頁、〔岩〕㈢一一二頁)をなすといってよいのである。

(2) 労働力商品の価値規定は、いうまでもなく一般の商品のように、そのものを生産するのに要する労働時間によるとは、直接にはいえない。労働力の再生産に必要なる生活資料の生産に要する労働時間によるという、間接的規定となるのであるが、それと同時に、この生活資料が労働力の再生産に如何なる質と量とを要するかという事実問題が問題となる。この点はしかし後に展開するように資本家的生産方法の発展過程に必然的なる好況期における資本の蓄積に伴う賃銀の運動によって歴史的に決定されるものとしなければならない。一般的には「資本家は、労働者の個人的消費をできるだけ必要物だけに制限しておくように取り計うだけである……」(『資本論』第一巻〔イ〕六〇〇頁、〔岩〕㈢一一二頁)ということになる。また「それゆえ、資本家も、その理論的代弁者である経済学者も、労働者の個人的消費のうちで労働者階級の永久化のために必要な部分だけを、つまり資本が労働力を消費するために実際に消費されなければならない部分だけを生産的とみなすのである。そのほかに労働者が自分の快楽のために消費するものがあれば、それは不生産的消費なのである。もしも資本の蓄積が労賃の引き上げをひき起こし、したがって資本の消費する労働力の増加なしに労働者の消費手段の増加をひき起こすとすれば、追加資本は不生産的に消費されたことになるであろう。実際には、労働者の個人的消費は彼自身にとっては不生産的である、というのは、それはただ困窮した個人を再生産するだけだからである。それは資本家と国家にとっては生産的である、というのは、それは他人の富を生産する力の生産だからである。」(同上(イ)六〇一頁、(岩)(三)一一三頁)ということにもなる。

(3)『資本論』は、この点を続けて「ちょうど、機械の掃除が、労働過程で行なわれようと一定の中休み時間に行なわれようと、つねに資本の生産および再生産の一契機であるようなものであって資本家を喜ばせるためではないということは、少しも事柄を変えるものではない。自分自身のためであるさ。」といい、さらになお「労働者がその個人的消費を行なうのは、自分自身のためである。」というのは、たとえば、役畜の食うものは役畜自身が味わうのだからといって、役畜の行なう消費が生産過程の一必要契機であることに変わりはないのである。労働者階級の不断の維持と再生産も、やはり資本の再生産のための恒久的な条件である。資本家はこの条件の充足を安んじて労働者の自己維持本能と生殖本能とに任せておくことができる。」ともいっている。もちろん、こういったからといって賃銀労働者を機械や役畜と同一視するわけにはゆかない。資本は、労働力の再生産を資本の生産過程の単なる「一契機」としてしまいうるものではない。労働力の再生産過程が、資本の生産過程に対して労働者の個人的消費過程としてあるということは、かかる一面を以て軽視されてはならない。事実、資本家に対する労働者の関係が労働力商品を通して結ばれるということは、そういう二面をもっていることを示しているのである。労働者は、その労働力を商品化するにしても、労働者自身を商品化するものではない。それは奴隷のように物化されるわけではない。

第二節　拡張再生産
――資本家的蓄積の現実的過程――

W′――G′の過程で実現された剰余価値部分が、資本家の個人的消費に充てられれば再生産過程は単純再生産として繰り返されるわけであるが、資本の本性として剰余価値は多かれ少かれ資本に転化され、いわゆる拡張再生産が行われる。前節の単純再生産はこの拡張再生産の基本的規定をなすものとして述べたのにすぎない。すなわち剰余価値部分は、資本の生産物として当然にその一部分を資本家の個人的消費に残しつつも、できうる限り蓄積され、多かれ少かれ一定の期間いわゆる蓄積資金を形成した後に資本化されることになる。(4) 個々の資本としては、商品W′の販売によって得た貨幣Gの生産手段と労働力とへの再転化に際して、適当の時に蓄積資金としての剰余価値部分をこれに加えることになるのであるが、それは資本が社会的に生産した追加的な生産手段と生活資料とによって行うほかはない。しかし生活資料は、もちろん、追加的なるものも追加的労働力を通さなければ再生産の拡張に役立つわけにはゆかない。資本の蓄積は、資本が自ら生産することのできない労働力の追加を如何にして調達するか、という点にかかってくるのである。労働力は、しかし繰り返し述べてきたように労働者の生活の内に再生産されるのであって、その単純再生産も単に労働力の再生産に留まらないで、労働人口の自然増殖をも伴うものである。いいかえれば労働力の単純再生産は、すでに資本の拡張再生産にある程度の基礎を与えるのであるが、しかしそれは資本の拡張再生産にとっては、いわば外部から与えられるものに過ぎない。資本の蓄積の必要とする追加労働力がこれによって保障されるということにはならないのである。

（4）　資本は、すでにその形態規定について明らかにしたように、Gを投じてG′をうれば、再びGを投ずる過程を繰り返すものとしてあるのであって、この過程においてえられる剰余価値gもまたその本性上当然にGに加えられるものとしてよい。資本家の個人的消費に充てられる部分は、この資本化される剰余価値への削減となる。マルクスは、この点について次のように述べている。「資本家は、ただ人格化された資本であるかぎりで、一つの歴史的価値をもち、かのである。ただそのかぎりで、彼自身の一時的必然性は資本主義的生産様式の一時的必然性のうちに含まれるである。だがまた、そのかぎりでは、使用価値や享楽がではなく、交換価値とその増殖とが彼の推進動機価値増殖の狂信者として、彼は容赦なく人類に生産のための生産を強制し、したがって社会的生産諸力の発展を強制し、してまた、各個人の完全で自由な発展を根本原理とする、いっそう高度な社会形態の、唯一の現実の基礎となりうる物質的生産条件の創造を強制する。ただ資本の人格化としてのみ、資本家は尊重される。かかるものとして彼は、貨幣蓄蔵者と同様に絶対的致富欲をもつ。だが、貨幣蓄蔵者の場合に個人的な熱中として現われたものは、資本家の場合には社会的機構の作用なのであって、彼はこの機構のなかの一つの動輪でしかない。」(『資本論』第一巻〔イ〕六二一頁、〔岩〕㈢一四三―四頁)。なおまたこうもいっている。「それゆえ、彼のあらゆる行動が、ただ彼において意志と意識とを与えられている資本の機能にすぎないかぎりでは、彼にとって彼自身の私的消費は彼の資本の蓄積から盗み取ることを意味するのであって、ちょうどイタリア式簿記で私的支出が資本にたいする資本家の借方に現われるようなものである。蓄積することは、社会的富の世界を征服することである。蓄積は、搾取される人間材料の量を拡大すると同時に、直接間接の資本家の支配を拡大するのである。」(同上〔イ〕六二二頁、〔岩〕㈢一四四―五頁)。もちろん、個々の具体的な資本家が、この「人格化された資本」の規定で尽されるというのではない。ただこの基本的規定をはずれた行動は、資本家をして資本家として留まりえなくするものであることとして理解すべきである。それはマルクスが上の引用につづいて指摘しているように、そして本書では後に述べるように、資本の競争は資本の不断の増大を各資本に強制するものであるという面でも明白にあらわれる。なお資本家のこの蓄積に対する態度は、具体的には、資本主義の発展と共に種々に変化もするのである。マルクスはこの点を前掲の引用箇所につづいて述べている(同上〔イ〕六二三頁以下、〔岩〕㈢一四六頁以下)。そしてまた資本の蓄積の増進は、蓄積を阻害することなく資本家の奢侈を増進することにもなるのである。要は、上述の基本的規定をもって具体的な規定が排除されてはならないと同時に、具体的な様相によって基本的規定が忘れられてはならないということにある。

しかしながら一般的にいって生産方法の発展に基づく労働の生産力の増進は、道具、機械その他の労働手段の増大を前提とし、原料その他の生産手段の増加を伴うのであって、労働力に対する生産手段の量的比率を増大することになる。それは資本の生産過程においては、マルクスのいわゆる資本の技術的構成の高度化をなすわけである。もっとも資本は、その技術的構成の高度化に応じて可変資本に対する不変資本の比率としての、その価値構成を高度化するものとは、必ずしもいえない。生産力の増進は、その価値構成の変化に種々異なった影響を及ぼすからである。かくてマルクスは、技術的構成の高度化に応じてあらわれる資本の価値構成の高度化を資本の有機的構成の高度化となづけたのであるが、それは資本主義的生産の発展の程度を示すものにほかならない。実際また資本の有機的構成の高度化は、資本の生産力の増進の程度を示すばかりでなく、資本の蓄積に伴って必要とせられる追加労働力をも資本自身によって調達することを可能ならしめる基礎を示すのであって、資本は一定の労働人口とその自然増殖とを前提としながら、それを基礎として益々大規模の生産を実現し、その生産力の増進をはかることになるのである。旧来の生産方法の改善に伴って生ずる、資本にとっての相対的過剰人口は、そうでなければ資本の需要増加に応じえない労働人口をもってこれに応ずることを可能ならしめるのである。

資本家的生産は、すでに明らかにしたように労働の社会的生産力の増進を利用して発展してきたのであって、資本の蓄積と共に一事業に投ぜられる資本の集積も益々増大し、その生産方法も科学的技術をできうる限り利用して、その生産力の増進をもたらすのである。時によっては資本の集中によって集積の一層の増大を実現することもあるのである。しかしながらこういう資本家的蓄積の過程は、決して一様の展開をなすわけではない。それは屢々誤り解されるように、不断に生産方法を改善し、その資本の有機的構成を高度化して相対的過剰人口を常に新しく形成しつつ行われるものではない。実際またひとたび投ぜられた固定資本は数年間に亘って使用せられるのであって容易に新たなる方法を普及せしめることにはならない。また新たなる方法の採用による相対的過剰人口を基礎として資本の蓄積が行われる限り、新たなる方法の採用を誘導されるということにはならない。資本は、生産方法の改善を一般的には相対的剰余価値の生産によって動機づけられながらも、直接かかる動機によっては普及しえなかったと同様に、新たなる方法の採用も、原則としては、いわゆる不景気に強制せられて始めて行うことになる。いいかえればこの関係は、資本主義に特有なる景気循環による断続的発展をもたらすことになるのである(5)。十九世紀二十年代から六十年代にいたる間、イギリスの資本主義の発展が大体十年周期の好況、恐慌、不況の循環過程を示してきたのは、根本はこの点に基づくのである。すなわち好況期には、一定の有機的構成の資本の蓄積による拡張が行われ、不況期に形成せられた過剰人口を動員し、恐慌後の不況期には、恐慌による攪乱を整理して新たなる生産方法の採用による有機的構成の高度化を実現する基礎をつくり、次の好況期の発展に要する相対的過剰人口を形成するということになる。それは与えられたる労働者人口とその自然増殖とによって直接制限せられることなく、資本の蓄積に適応した労働者人口を確保する、資本主義に特有なる人口法則を展開するものである。『資本論』におけるいわゆる産業予備軍の説明は、資本の有機的構成の高度化によって形成せられる相対的過剰人口をその一つとする十九世紀中葉のイギリスにおける過剰人口の種々なる具体的な存在形態を例解するものにほかならない(6)。

(5)　マルクスも「最初は単に資本の量的拡大としてのみ現われた資本の蓄積は、われわれが見たように、資本の構成の不断の質的変化をともなって、すなわち資本の可変部分を犠牲にしての不変部分の不断の増大をともなって、行なわれる。」(『資本論』第一巻〔イ〕六六二頁、〔岩〕(三)二〇五頁)としてこの点を説いている。もちろん、この規定はこの問題を始めて明らかにしたという、マルクスの功績を無にするものではないが、また長期的に、いいかえれば好況期の水準をとってその発展をみればこういっても差支えないのであるが、しかしそれでは反ってマルクスのいわゆる資本主義に特有なる人口法則の展開を不十分なるものにすることになる。また実際この規定のために『資本論』は、恐慌論を原理的に解明する途をとざされたとも考えられるのである。マルクスは、例えば「近代的産業の特徴的な生活過程、すなわち中位の活況、生産の繁忙、恐慌、沈滞の各時期が、より小さい諸変動に中断されながら、十年ごとの循環をなしている形態は、産業予備軍または過剰人口の不断の形成、その大なり小なりの吸収、そしてその再形成にもとづいている。」(同上〔イ〕六六六頁、〔岩〕二一一頁)といいながら、続いて「この産業循環の変転する諸局面は、またそれ自身、過剰人口を補充し、またその最も精力的な再生産動因の一つになる。」(同上)というにすぎない。好況期の過剰人口の吸収と不況期の過剰人口の形成との関係が明らかにされることなく終ることになる。マルクスにあっては、過剰人口の形成の面に重点が置かれているために、人口法則もその面で説かれ、その吸収はむしろ「人間の大群が、突発的に、しかも他の部面で生産規模が傷つけられることなしに、決定的な点に投入されるようになっていなければならない。」(同上)というような場合が特に重視されることになっている。しかしマルクスがこの関係を全然問題としていなかったというのではない。例えばこうもいっている。「天体は、ひとたび一定の運動に投げ入れられれば、絶えずその運動をくり返すのであるが、それとまったく同じに、社会的生産も、ひとたびかの交互に起きる膨脹と収縮との運動に投げこまれてしまえば、絶えずこの運動をくり返すのである。結果そのものがまた原因になる。そしてそれ自身の諸条件を絶えず再生産する全過程の変転する諸局面は周期性の形態をとる。ひとたびこの形態が固まれば、経済学でさえも、相対的な、すなわち資本の中位の増殖欲から見ての、過剰人口の生産を、近代産業の生活条件として理解するのである。」(同上〔イ〕六六七頁、〔岩〕㈢二一二頁)と。しかしそれにしても最初に示したように、「資本の構成の不断の質的変化」を前提として説いたのでは、相対的過剰人口をこの「近代産業の特徴的な生活過程」の「生活条件」として展開するわけにはゆかないことになる。なおこの資本の蓄積論では、資本主義の発展が循環過程をなして行われるということが人口法則によってその基礎を解明されるだけである。この過程が何故恐慌現象を媒介にするかは後に利潤論並びに利子論において明らかにされる。

(6)　マルクスは、いわゆる産業予備軍としての相対的過剰人口の存在形態を流動的、潜在的、停滞的の三つに分けて、次のように規定している。

(一)「近代産業の中心——工場、マニュファクチァ、精錬所、鉱山等々——では、労働者は時にははじき出され、時にはいっそう大量に再び引き寄せられて、生産規模にたいする割合では絶えず減少しながらも、大体において就業者の数は増加する。この場合には過剰人口は流

動的形態で存在する。」（『資本論』第一巻〔イ〕六七五頁、〔岩〕㈢二二四―五頁）

（二）　次に「資本主義的生産が農業を占領するやいなや、または占領する程度に応じて、ここで機能する資本が蓄積されるにつれて、農村労働者人口に対する需要は絶対的に減少するのであるが、ここでは農業以外の産業の場合とは違って、労働者人口の反発がそれよりも大きな牽引によって補われることはないであろう。それゆえ農村人口の一部分は絶えず都市プロレタリアートまたはマニュファクチァ・プロレタリアートに移行しようとしていて、この転化に有利な事情を待ちかまえている（マニュファクチァは、ここではすべて非農業的産業を意味する）。こうして相対的過剰人口のこの源泉は絶えず流れている。しかし諸都市へのその絶えまない流れは、農村そのものに絶えず潜在的過剰人口があることを前提するのであって、この過剰人口の大きさは、ただ排水溝が特別に広く開かれるときだけ目に見えるようになるのである。それゆえ農村労働者は賃銀の最低限度まで押下げられ、片足はいつでも貧困の泥沼につっこんでいる。」（同上〔イ〕六七七頁、〔岩〕二二六―七頁）。なおこの農村における潜在的過剰人口は、農業における資本主義の発展に関係なく、農村人口の自然増殖自身が形成する相対的過剰人口が、その背景をなしているものと理解してよいであろう。

（三）「相対的過剰人口の第三部類、停滞的過剰人口は、現役労働者軍の一部をなしているが、その就業はまったく不規則である。したがってそれは自由に利用しうる労働力の尽きせぬ貯水池を資本に提供している。その生活状態は労働者階級の平均水準よりも下にあり、そしてまさにこのことが、それを資本の特有な搾取部門の広大な基礎にするのである。労働時間の最大限と賃銀の最小限とがそれを特徴づけている。われわれは家内労働の項ですでにそのおもな姿を知った。それは絶えず大工業や大農業の過剰労働者から補充され、またことに手工業経営がマニュファクチァ経営に、後者がまた機械経営に屈服して行く滅びつつある産業部門からも補充される。蓄積の範囲と精力とともに〈過剰化〉が進むにつれて、この過剰人口の範囲も拡大される。同時にまたこの過剰人口は、労働者階級のうちで、それ自身を再生産し永久化する一要素をなしており、この要素は、労働者階級の総増加のうちに他の諸要素よりも比較的大きな割合を占めている。実際には、出生数と死亡数だけではなく、家族の絶対的な大きさも、労賃の高さに、すなわち種々の労働者部類が処分しうる生活手段の量に、反比例する。このような資本主義社会の法則は、未開人のあいだでは、または文明化した植民地人のあいだでさえも、不合理に聞えるであろう。それは、個体としては弱くて迫害を受けることの多い動物種属の大量的再生産を思い出させる。」（同上〔イ〕六七七―八頁、〔岩〕㈢二一七―八頁）

そして「最後に、相対的過剰人口のいちばん底の沈澱物が住まうのは、受救貧民の世界である。浮浪者、犯罪者、売春婦など、簡単にいえば本来のルンペン・プロレタリアートを別にすれば、この社会層は三つの部類から成っている。第一は労働能力者である。イギリスの受救貧民の統計にざっと目を通しただけでも、その数が恐慌のたびに膨脹し、景気の回復ごとに減少することがわかる。第二は孤児や貧児である。彼らは産業予備軍の候補で、たとえば一八六〇年のような大興隆期には急速に大量に現役労働者軍に編入される。第三は退廃者、零落者、労働不能者である。……」（同上〔イ〕六七八―九頁、〔岩〕㈢二一九頁）と述べている。いうまでもなくこれらの産業予備軍は、当時のイギリスに具体的に見られるものを分類したものであって、資本の蓄積の過程でその有機的構成の高度化によって形成される相対的過剰人口を基軸とする景気循環過程で、実際上は資本が利用する労働力の補給源をなすのであるが、しかしこの種々なる諸層の存在によって、資本の蓄積過程の基本的関係が見失われてはならない。マルクスは、上に引用した産業予備軍の説明につづいて、「社会的富、機能する資本、その増加の範囲と精力、したがってまたプロレタリアートの絶対的大きさとその労働の生産力、これらのものが大きくなればなるほど、産業予備軍も大きくなる。自由に利用しうる労働力は、資本の膨脹力が発展させられるのと同じ原因によって、発展させられる。こうして産業予備軍の相対的な大きさは、富の諸力といっしょに増大する。」(同上(イ)六七九頁、(岩)(三)二一九―二二〇頁)と概括し、さらに「しかしまた、この予備軍が現役労働者軍に比べて大きくなればなるほど、その労働苦に反比例して困窮する、固定した過剰人口がますます大量になる。最後に、労働者階級の極貧層と産業予備軍とが大きくなればなるほど、公認の受救貧民層もますます大きくなる。これが資本主義的蓄積の絶対的な一般的な法則である。それは、すべての他の法則と同じく、その実現にさいしては種々の事情によって変化を加えられるのであるが、このような事情の分析はここではまだなされない。」(同上(イ)六七九頁、(岩)(三)二二〇頁)といって、有名な、いわゆる窮乏化法則を展開するのであるが、これはむしろ資本家的蓄積に伴う相対的過剰人口が、景気の循環過程において形成されては吸収される基本的関係の法則的展開を蔽う現実的現象とみなすべきものである。したがってこの現象こそ「ここではまだなされない」という「事情の分析」

によって解明されるべきものといってよい。さらにまた「資本の蓄積に対応する貧困の蓄積」としての「一方の極での富の蓄積は、同時に反対の極での、すなわち自分の生産物を資本として生産する階級の側での貧困、労働苦、奴隷状態、無知、粗暴、道徳的堕落の蓄積なのである。」(同上(イ)六八〇―一頁、(岩)(三)二三一―二頁)という点も、資本の蓄積過程における労働者と資本家との基本的な対立関係の一般的な、原理論で与えられる規定を基準にして、段階論乃至現状分析において解明されるべきものである。蓄積過程における一般的な、資本主義に特有な人口法則こそ「すべての他の法則と同じく、その実現にさいしては種々の事情によって変化を加えられる」のである。事実、マルクスも、後に「資本主義的蓄積の歴史的傾向」を論ずる際には、この窮乏化が単なる窮乏化に終るものではなく、それと共に「絶えず膨脹しながら資本主義的生産過程そのものの機構によって訓練され結合され組織される労働者階級の反抗もまた増大する。」(同上(イ)八〇三頁、(岩)(三)四一五頁)という。両者とも「種々の事情によって変化を加えられる」一般的法則によって片付けられるものではない。

かくて労働者の賃銀もまたこの周期的な景気循環によって、あるときは騰貴して労働力の価値以上となり、あるときは低落して価値以下となる。マルクスもいうように「大体において労働賃銀の一般的な運動は、もっぱら産業循環の時期転変に対応する産業予備軍の膨脹と収縮によって規制されている。」(『資本論』第一巻(イ)六七一頁、(岩)(三)二一九頁)といってよいのであるが、それは単純に労働賃銀の騰落を規制するというだけではない。実は、この騰落の過程自身の内に労働力なる特殊の商品の価値を決定する、労働者の生活水準自身も決定されるのである。事実、生活水準は、決していわゆる歴史的に与えられたものとして留まるというものではない。資本の蓄積に伴う資本主義の発展は、もちろんその生産力の増進とは比較にならないが、好況期の蓄積過程で不況期の低落に対して騰貴する賃銀によって、いわば資本の蓄積に適応した生活水準を歴史的に形成するのである。そして好況から恐慌を通しての不況への転換は、まさにその限度を示すものといってよい。しかしまたそれもこの循環過程を繰り返す発展の過程でその向上を許されないというものではない。実際また資本は、その蓄積による発展に伴って、生活水準が多かれ少かれ向上することを基礎条件として要求するような労働力を必要とするのであって、それは屢々いわれるように資本主義の発展と共に益々低下するものとはいえないのである。直接に労働によって、したがってまた資本によって生産されえない、労働力なる特殊の商品は、資本の蓄積に伴って展開される、資本主義に特有な人口法則によって、その需要供給を規制せられると共に、その価値を決定する生活水準自身をも決定されることになるのである。

(7)　資本主義がその発生の初期においていわゆる原始的蓄積の過程を経て確保する労働力は、種々なる国において種々異なるのは当然であるが、資本主義の発展と共に、単純なる労働力とはいえ、一定の知識水準をもった労働者の労働力を必要とすることになる。普通教育は、中世紀的な職人の訓練と異なって特殊の職業的なものではないが、しかしこの普通教育自身が資本主義の発展と共に多少ともその程度を上げることを要求せられる。そしてそれはまたその背後に労働者の生活水準の向上を求めるものといってよいであろう。

（8）　マルクスは「産業予備軍は、沈滞や中位の好況の時期には現役の労働者軍を圧迫し、過剰生産や発作の時期には現役軍の要求を抑制する。だから相対的過剰人口は、労働の需要供給の法則が運動するときの背景なのである。それはこの法則の作用範囲を、資本の搾取欲と支配欲とに絶対的に適合している限界のなかに押し込むのである。」（『資本論』第一巻〔イ〕六七三頁、〔岩〕㈢二二二頁）といっている。たしかにそういってよいのであるが、産業予備軍なるものが、すでに述べてきたように、原理論としては規定しえないものを含むというだけでなく、「資本の搾取欲と支配欲とに絶対的に適合している限界」なるものが、それがために不明確になることを注意しなければならない。後に利潤論で明らかにするように、好況期の賃銀の騰貴による資本の過剰が、その限界をなすのであるが、それは決して資本主義の発展に伴う生活水準の向上を絶対に許さないというようなものではない。それはまた労働力商品がその価値によって売買されるという理論的想定とも矛盾するものではないのである。

第三節　社会総資本の再生産過程

――価値法則の絶対的基礎――

資本によっては直接には生産されない労働力が、資本による相対的過剰人口の形成を通して、資本の蓄積に伴う需要増加にも、その供給を保障されることになると、資本はその生産物をもって拡張再生産過程を自立的に実現しうることになる。資本は労働力さえ補給されればあらゆる生産物を生産しうるのであって、再生産に直接に必要なる生産手段も、間接に必要なる生活資料も、ともに生産することができるわけである。いいかえれば資本は、他に依存することなき独自の一社会を形成しうることになる。しかしながら資本は、もちろん、直接に社会的需要を計量してその生産を行うものではない。それは商品経済に特有なるいわゆる無政府的生産として行われる。個々の資本は、それぞれその価値増殖を目標として、価格の変動によって規制せられながら、社会的需要に応ずることになるのである。ところがこの社会的需要なるものが、また資本の再生産過程自身の内で形成せられるものにほかならない。すなわちまず第一には、資本の生産過程のための生産手段として、その一部分は再び生産手段の生産のために、他の一部分は消費資料の生産のための生産手段として生産され、消費資料は労働者と資本家との個人的消費のための生活資料として生産され、互いに需要するものを供給することになる。それはまた全社会の労働力を生産手段と共に、それぞれの生産物の生産に必要とせられる程度に応じて配分することによって、年々の再生産を継続するという、経済生活の合理的処理に当然なる、いわばあらゆる社会に共通なる経済の原則を、商品形態をもって行うものにほかならない。資本家的商品経済は、それを価格の運動によって調整せられつつ貫徹される価値法則によって実現するのである。すなわち個々の生産物の生産に必要なる労働時間を基準にして、全社会のその生産物に対する需要に応じて、資本は労働力と生産手段とをそれぞれの生産に投ずることになる。マルクスは、この社会的関連を社会的総資本の生産物を基点とする再生産過程として、簡単なる数字をもって表示したのであった。いわゆる再生産の表式がそれである。(9)

(9)　このいわゆる再生産の表式は、屢々いわれるように、マルクスによって始めてなされた、天才的アイディアによるものといってよい。ローザ・ルクセンブルクも、その『資本蓄積論』でこれについて「社会的総資本の再生産の問題を提起したことは、理論的国民経済学にかんするマルクスの不朽の功績に属するものである。われわれは国民経済学史上この問題を精確に叙述しようとするただ二つの特記すべき試みに遭遇する。すなわち国民経済学の劈頭における重農学派の始祖ケネーによる試みと、その終焉におけるカール・マルクスによる試みとである。」(『資本蓄積論』邦訳三笠文庫版二頁)といっている。マルクスの表式は、もちろん、このケネー(F. Quesnay, 1694–1774)のいわゆる経済表を科学的に批判した上で、全く新しい形の表式として『資本論』の理論的体系中に「社会的総資本の再生産と流通」を明らかにするものとして採用されたのである。さきに「資本の流通過程」の章でも引用したように、マルクスはW′

……W′の商品資本の循環をケネーがその経済表の基礎としたことを彼の「偉大で正確な手腕を示すもの」といっているのであるが、マルクスの表式もまた同様に、貨幣資本の循環でも、また生産資本の循環でもなく、社会的総資本の全生産物の流通を表示しうる、商品資本の循環によるのである。なおケネーの経済表については、前掲の『経済学』上二三〇頁以下を参照せられたい。

いま社会的総資本の年生産物を九、〇〇〇億ポンドとし、その内で生産手段が六、〇〇〇億、消費資料が三、〇〇〇億として、その各々を生産部門I、IIに総括し、その生産物の価値構成を次の如きものとしよう（cは不変資本部分、vは可変資本部分、mは剰余価値部分を示す）。

$$\text{I}\quad 6000 = 4000c + \underline{1000v + 1000m}$$
$$\text{II}\quad 3000 = \underline{2000c} + 500v + 500m$$

そこで剰余価値部分がすべて資本家によって個人的に消費される、単純再生産が行われるとすれば、第一部門の生産物たる二、〇〇〇億（$2000 = 1000v + 1000m$）は、価値部分としては労働者と資本家とによってその生活に消費されるべきものであるが、現物としては生産手段である。そこでこの部分が第二部門の二、〇〇〇億（2000IIc）の、生産物として現物では消費資料であるが、価値部分としては第二部門の生産手段の更新にあてらるべ

きものと交換せられるならば、資本はこの年も

Ⅰ　4000c＋1000v

Ⅱ　2000c＋500v

の構成をもって同様の生産を続けうることになるのであって、第一部門の可変資本部分と剰余価値部分との和が、第二部門の不変資本部分に均しくなる（Ⅰ(v＋m)＝Ⅱc）ということが、かかる単純再生産の基本的条件をなすわけである。第一部門の四、〇〇〇cは、もちろん、そのまま第一部門内の交換によって再び生産手段として役立ち、第二部門の五〇〇vと五〇〇mの一、〇〇〇億は、第二部門の労働者と資本家との消費資料となる。この場合、両部門間の生産物の交換はもちろんのこと、両部門内の交換も、さらにまたかかる交換過程において行われる労働者や資本家の個人的消費資料の購入も、すべて資本家の有する貨幣を媒介にして行われるのであるが、その貨幣は交換の終了と共にその貨幣を支出した資本家の手に復帰して、再び同じように次の年度の生産物の交換に役立つことになる。(10)

(10)　例えば第一部門の四、〇〇〇億の生産手段の交換に、一部の（A群の）資本家が二、〇〇〇億の貨幣をもって、他のB群の資本家から生産手段を購入するとすれば、貨幣はB群の資本家の手に入るが、B群の資本家がその貨幣をもってA群の資本家から生産手段を購入すれば、貨幣

は再びA群の資本家の手に復帰し、A群の資本家の手にあった生産手段とB群の資本家の手にあった生産手段とを交換する媒介をなしたことになる。また第一部門の資本家が一、〇〇〇億の貨幣を賃銀として労働者に支払い、労働者がこの貨幣で第二部門の資本家から消費資料を購入すれば、第二部門の資本家は、その貨幣で第一部門の資本家から生産手段を一、〇〇〇億購入しうることになる。第一部門の資本家の労働者に支払った賃銀は、第一部門の一、〇〇〇ｖの生産手段と第二部門の一、〇〇〇ｃの消費資料との交換の媒介に役立った後に、その貨幣を支出した第一部門の資本家の手に復帰して再び賃銀として支払いうる貨幣となる。さらにまた同様にして第一部門の資本家が、その生活のために第二部門から一、〇〇〇ｃの消費資料を購入すれば、第二部門の資本家は、第一部門から一、〇〇〇ｍの生産手段を購入しうることになる。この場合も、第一部門の資本家は先に支出した貨幣を再び手に入れることになり、結局、一、〇〇〇ｍの現物では生産手段である剰余価値部分を第二部門のｃをなす消費資料と交換して個人的に消費するわけである。いずれの場合も貨幣は、その生産物の交換に役立つのであって、支出した資本家の手に復帰することになる。上述と異なった資本家から出た場合も同様である。例えば第二部門の資本家がまず二、〇〇〇億の貨幣をもって、第一部門から生産手段を買うという想定であれば、その貨幣は、その内一、〇〇〇億は資本家の個人的消費のために、また一、〇〇〇億は労働者の賃銀として支払われて、その個人的消費のために、第二部門の一、〇〇〇ｃの消費資料の購入に充てられて、第二部門資本家の手に帰る。第二部門の五〇〇ｖと五〇〇ｍとについても同様である。ｖ部分は資本家の労働者に支払う賃銀を通して、ｍ部分は資本家自身の生活資金を通して、互いに種々なる消費資料として交換されるのであって、貨幣はそれを支出した資本家の手にその生産物の販売によって復帰するのである。もちろん、貨幣量は、上述のように例えば四、〇〇〇Ⅰcの売買に二、〇〇〇億を要するというように大量を要するわけではない。貨幣の流通速度その他によってその量は少くてすむわけである。

　これに対して剰余価値部分が多かれ少かれ蓄積され、生産が拡張されることになると、第一部門の(v＋m)は第二部門のcより大でなければならない。即ち例えば八、二五〇億の生産物が、次の如き価値構成を有するものとして両部門で生産されていたとしよう。

$$\left.\begin{array}{ll} \text{I} & 6000 = 4000c + 1000v + 1000m \\ \text{II} & 2250 = 1500c + 375v + 375m \end{array}\right\} = 8250$$

そして第一部門で五〇〇mが蓄積され、それが元の資本と同様に四対一の比率で不変資本と可変資本とに分割されるとすると、四〇〇cと一〇〇vとが新しく四、〇〇〇cと、一、〇〇〇vとに加えられるわけであるが、これに対応して第二部門でも蓄積が行われなければならない。即ち第一部門の一、〇〇〇v＋一〇〇(m)v＋五〇〇mに対して、第二部門の不変資本部分が一〇〇を加えて一、六〇〇cに拡張されなければならないわけで、この蓄積が同様の資本構成をもってせられるとすれば、可変資本に二五vを増加し、全体として一二五mが蓄積にあてられなければならないことになる。そこで第一部門の

一、〇〇〇v＋一〇〇(m)v＋五〇〇mが、第二部門の一、五〇〇c＋一〇〇(m)cと交換せられる。

I　4000c＋400(m)c＋1000v＋100(m)v＋500m

II　1500c＋100(m)c＋375v＋25(m)v＋250m

かくしてこの年の生産資本は

I　4400c＋1100v

II　1600c＋400v

ということになって、その生産の結果は、前例と同様にして、

$$\left.\begin{array}{ll}\text{I} & 4400c+1100v+1100m=6600\\ \text{II} & 1600c+400v+400m=2400\end{array}\right\}=9000$$

となるであろう。これは第一部門の（v＋m）が二、〇〇〇、第二部門のcが一、五〇〇で、前者が後者より大きい（I(v＋m)＞IIc）という条件の下にこの年度の蓄積が行われることを示すのであるが、それは拡張再生産が如何なる社会にあっても必ず生産手段の生産の拡張から行われなければならぬという経済の原則を、資本主義社会も価値法則という経済法則によって実行していることを示すものにほかならない。同様にして第二年度も次のようにしてその蓄積を続けうるわけである。

$$\text{I}\quad 6600 = 4400c + \underline{1100v + 550m} + 440(m)c + \underline{110(m)v}$$

$$\text{II}\quad 2400 = \underline{1600c} + 400v + 200m + \underline{160(m)c} + 40(m)v$$

$$\text{I}(1100v + 550m + 110(m)v) = \text{II}(1600c + 160(m)c)$$

かくて第二年度の資本は

$$\text{I}\quad 4840c + 1210v$$

$$\text{II}\quad 1760c + 440v$$

として、その生産は

$$\left.\begin{array}{l}\text{I}\quad 4840c + 1210v + 1210m = 7260\\ \text{II}\quad 1760c + 440v + 440m = 2640\end{array}\right\} 9900$$

ということになる。

なおかかる資本の蓄積過程もまた資本家の貨幣をもって媒介されながら行われることは、前述の単純再生産の場合と同様であるが、資本の再生産過程ではかかる流通の媒介をなす貨幣自身も、この再生産過程において補給されなければならない。単純再生産の場合にも、流通事情を同一とすれば少くとも貨幣として役立つ金の滅失部分は補給されなければならない。それはもちろん生産手段として生産された金が、生産手段としては使用されないで貨幣に充用されるのであって、当然に両部門の資本家の剰余価値部分から貨幣として蓄積されるものとして控除されることになる。先の単純再生産の表式でもこの貨幣に充てられる金は、いわば再生産の関係から外に出るものとなるのであるが、それは資本家の個人的消費として再生産過程外に出る剰余価値部分からの控除をなすわけである。例えばそれが三億とすれば、そして第一部門の資本家が二億、第二部門の資本家が一億の金を貨幣として蓄積するとすれば、両部門は次のような関係をもって生産をしていなければならない。

$$\text{I}\quad 6000 = 4000c + \underline{1000v} + \underline{997m} + \underline{\underline{1m}} + 2m$$

$$\text{II}\quad 2995.5 = \underline{1997c} + 499.25v + 498.25m + \underline{\underline{1m}}$$

$\text{I}(1000v + 997m) = \text{II}\ 1997c$ ｝の交換
$\text{I}\ 1m = \text{II}\ 1m$

I 2m は第一部門において貨幣として蓄積される金
I 1m は第一部門資本家の消費資料としての第二部門資本家の 1m と交換され，第二部門において貨幣として蓄積される金

すなわち一般的には単純再生産においてすでに第一部門のv＋mは第二部門のcより大きい（$\text{I}(v+m)>\text{II}c$）という蓄積の条件をもっていなければならない。[11] 拡張再生産の場合には、同様のことが貨幣材料たる金生産においても拡張再生産として行われるものとし

なければならないであろう。もちろん、種々なる点で行われる流通費用としての貨幣の節約のために、一般的な再生産の拡大と同様に行われるというわけではない。

(11)　旧著『経済原論』では、金生産部門の金生産物の価値構成と総資本の生産物の構成との区別を認めて注意しながら、それを直ちに生産手段生産部門に対比的に扱ったために、この貨幣材料を金生産部門のv＋m部分から供給されるものとし、そのc部分は生産手段としての金の一部分に充てられるものとしたのであるが(同書上二四七頁以下、並びに下三〇八―九頁)、それは誤っている。その点、ここで訂正しておきたいと思う。要点は、金が生産手段生産部門で生産されたとしても、両部門の資本家の剰余価値部分から貨幣として蓄積されるものとしては、第一部門のm部分に現物としてあるものとしなければならないということにある。青林書院発行の『演習講座　経済原論』についても同様の訂正を要するわけである。

もちろん、これらの簡単なる数字による表式は、単に単純再生産並びに拡張再生産のあらゆる社会に通ずる基本的条件を資本主義社会も商品形態をもって実現するものであることを示すにすぎない。実際は、資本の構成にしても、蓄積率にしても、種々複雑なる相違と変動とを含むものであり、固定資本の如く年々更新されないものもあれば、一年の内に幾度も再生産される生産手段や消費資料もある。表式は、たとい如何に複雑な数字をもってしても、そういうあらゆる再生産の諸条件とその変化とを示しうるものではない。ただかかる複雑なる諸条件をも資本は、上述の基本的条件を基準にして、その生産物価格の変動によって規制せられつつ充足し、年々の生産に必要なる生産手段と消費資料との生産に、生産手段と労働力とを配分するのである。もちろん、個々の資本にとっては、したがってまた労働者にとっても、この社会的な経済原則は、価格の運動の内にあらわれる価値法則としてあらわれ、個人的な利害関係をもって強制せられるものにほかならない。過剰に生産されたものは価格の低落をもってその生産の縮小を強制せられ、不足する生産物は価格の騰貴によってその生産の拡張を誘導される。それはいうまでもなく個々の生産物の生産に要する労働時間が社会的基準によって規制せられることを基礎とするものである。元々、商品経済を規制する価値法則なるものは、マルクスもいうように、「単に各個の商品についてただ必要労働時間だけが費やされているばかりでなく、社会的総労働時間のうちからその必要比例量だけが種々なる群に費やされているという」(『資本論』第三巻(イ)六六五頁、(岩)(八)四一頁)ように規制するものであって、それはまたあらゆる社会に通ずる経済の原則を根拠として社会的法則となるのである。表式に示される第一部門と第二部門との関係も、そういう価値法則による均衡関係を示すものである。(12) しかもそれは、単に生産手段と消費資料とが互いに均衡をもって生産されるというだけではない。これらの種々なる使用価値が商品として生産され、互いに交換される商品流通を媒介する貨幣自身も、生産手段としての金の中から供給されるのである。もちろん、貨幣たる金も、他の商品と同様に価値法則によって決定される価値を有するわけであるが、しかし金は生産されるすべてが貨幣になるものではなく、商品流通に必要とせられる限度において貨幣となるにすぎない。もっとも生産手段として生産された金も、その大部分は奢侈品の材料となっており、またそういう奢侈品としてある金は、必要に応じて貨幣材料にかえられうるのであって、一般の生産手段や消費資料のように、社会的再生産過程における一定の需要量によってその価値規定を直接に制約されるという関係にはない。しかし金生産も他の生産物の生産に対する労働の配分を無視して生産されるということにはならない。奢侈品に対する無制限にも見える需要が社会的再生産過程によって制限されているということによって間接的に規制せられるのである。それはいわば自立的なる、商品経済に特有なる再生産の規制方法を示すものといってよい(13)。

(12)　もちろん、資本主義的商品経済は、理論的に想定される純粋の資本主義社会においても、表式に示されるような均衡関係は、価格の運動の中心をなすものとして成立するものにすぎない。個々の資本の、いわゆる無政府的な生産と蓄積とが、価値法則によって規制せられるとしても、かかる均衡関係をそのままに実現するものとは、理論的にもいいえない。理論的想定自身も、そういう無政府的生産の内に法則の貫徹を証明しようというものである。その点は、屢々比喩的に較べられる自然科学の実験の場合とも全く異なるものである。したがってまたこの均衡関係は、何か資本主義経済が、これによって規制せられなければならぬ原則を、自らの外部に有し、しかも資本主義経済は、その無政府性の故に必然的にこの原則に反するようなことになる、というようなものではない。個々の資本としては無政府的に、しかし価値法則によっていわば外部から支配されて行動することにはなるが、この価値法則による規制は、社会的にはこのあらゆる社会に通ずる経済原則を実現するものとなるのである。商品経済の法則は、決して経済原則をその外部に有するものではない。価格の運動という特有の形態をもってではあるが、社会的に自らかかる原則を実現するのである。価値法則の法則性もそこに根拠を有している。したがってまた資本主義社会の再生産が表式の数字的関係をそのままに展開し、表式自身も資本主義社会の再生産関係の不均等な発展をそのままに表示できるように考えるのは、資本家的商品経済のこの自律的な規制を理解しないことになり、経済学の原理論の成立しうる所以を明らかにしないものといってよい。表式に対するこういう誤った解釈と乱用とは、今日にいたるまでマルクス主義経済学者の間に有力に残っているのであるが、その根本は、上述の価値法則の特有な展開形態とその価値法則の展開を制約する使用価値の面を無視することによるものではないかと考えられる。そこで念のために、本文で引用したマルクスの価値法則観について、ここでマルクス自身の解説をあげておこう。すなわちこういうのである。「……使用価値は、個々の商品の場合、その商品が元来一つの欲望を満たすということに懸っているとすれば、社会的生産物大量の場合には、この生産物量が各特別種類の生産物に対する量的に規定された社会的欲望に適合していること、したがって量的に限定されていることこれらの社会的欲望に比例して、労働が種々の生産部面に均衡を得て分配されていること、に懸っている（この点は、種々の生産部面への資本の分配において考慮に入れられるべきである）。社会的欲望、すなわち社会的冪《ポテンツ》における使用価値が、ここでは社会的総労働時間のうちから種々の特殊生産部面に帰属する割当部分に対して、規定的なものとして現われる。しかしそれは、すでに個々の商品の場合にも示されるところの同じ法則であるに過ぎない。すなわち商品の使用価値は、商品の交換価値、したがってまた商品の価値の前提であるということである。……たとえば、比率的に見て過多に綿織物が生産されるとする。といってもこの織物の総生産物のうちには、所与の条件のもとでそのために必要な労働時間のみが実現されているものとする。しかしとにかく社会的労働がこの特殊の部門で過多に支出されている。すなわち生産物の一部は不用である。それゆえ全体があたかも必要な割合で生産されたかのように売られるよりほかはない。この、社会的労働時間のうちから種々の特殊生産部面に充用され得る割当部分の量的制限は、価値法則一般の更に展開された表現であるに過ぎない。尤も、必要労働時間はここでは別個の意味を与えられる。労働時間のしかじかの量だけが社会的欲望の充足のために必要である、ということになる。制限は、ここでは使用価値によって生ずる。社会は、所与の生産条件のもとでは、その総労働時間のうちからただ幾何かだけを、この個々の種類の生産物に充用しうる。」（同上(イ)六八五―六頁、(岩)(八)四一一―二頁）というのである。しかしこの使用価値による制約は、もちろん、価値法則の展開に対する消極的規制たるにすぎない。いわゆる効用学説の主張するように積極的に価値を形成するものではない。ただ単純なる労働価値説が、この使用価値の消極的規制を無視して、商品の生産に要する社会的必要労働時間による積極的規定のみによるのは、また価値法則が価格の運動の内に貫徹されるという点に対する十分なる理解を妨げることにもなるのである。

(13) すでに「貨幣」の章で明らかにしたように、商品の流通の媒介をなす流通手段としての貨幣の増減は、商品の流通必要量によるものでありながら、実は流通過程の周辺に形成せられるマルクスのいわゆる貨幣としての貨幣、一般に資金といわれる貨幣によってその量を調節されるのであるが、これがまた根本的には商品として生産された金の中から補給されることによってそれ自身の量を調節されるのである。しかも本文でも述べたように、生産された金は商品としては大部分奢侈品の材料とせられるのであって、いわば社会的再生産関係の外に出ることになる。そしてまた必要に応じて貨幣に使用されることにもなる。いいかえれば貨幣金は、社会的再生産過程の内に多かれ少かれ常に生産されながら、その外部にまたその補給源を有している。マルクスもいうように「金銀は、直接的生産過程の内部では……役にたたないのであるが、それと同じように、生活資料として、つまり消費の対象としてあらわれるばあいにも、なければなくてすむのである。だから金銀は、直接的な生産と消費の過程をそこなわずに、どれだけでもすきな量だけ社会的流通過程にはいっていくことができるのである。」(『経済学批判』邦訳、岩波文庫版二〇三頁)。しかもまた「金銀は、単に消極的な意味で過剰な、つまりなければなくてすむ対象物であるばかりではない、金銀の美的な諸属性は、これを、華美、粉飾、派手、日曜日につきものの諸欲望の自然発生的な材料、要するに余剰と富の積極的な形態たらしめるのである。」(同上)。このことがまた生産されて貨幣として使われない金を、直接的には一定の限度に制約されない社会的需要の対象たらしめると同時に、貨幣金の伸縮自在なる補給源たらしめるのである。すなわち「金銀が、鋳貨の形態から地金形態に、地金形態から奢侈品の形態に、またその逆の方向に転化されうること、それゆえひとたびあたえられた一定の使用形態にしばられないという、ほかの商品よりすぐれた点をもっていること、このことは金銀を、貨幣というたえずひとつの形態規定性から他の形態規定性に転じなければならないものの自然的な材料たらしめるのである。」(同上二〇四頁)

先に「商品」の章で金が一般的等価物として最も適した物的性質を有することをあげ、それがために多くの商品の中から貨幣となったことを述べたのであるが、それはなお次の如き価値規定の面でも貨幣に適しているということで補足されなければならない。即ちまず第一に、比較的少量で多量の価値を有すること、しかもそれは「ほかの商品を平均したものよりも、はるかに長い期間かわらない大きさの価値をもっている」(同上二〇五頁)ということ。そしてこの第二の点にはなお、おそらく上述したように、その奢侈品としての需要量が直接に社会的再生産過程自身によって制限せられていないということから、余りに多く生産されたために、あるいはすでに種々なる形で多量に保有せられているために、その価値を減ずるというようなことが、ある程度まではないということが加えられなければならないであろう。かくして再生産過程に直接には必要とせられない、いわば剰余生産物を代表する金が、もちろん、労働の生産物として一定の価値を有するものとして、商品の価値を尺度しつつその流通を媒介し、さらにまたその価値を商品に対して独立の存在物として保有するものとなるばかりでなく、その価値を増殖する資本の出発点をもなすものとなるのであるが、それは剰余価値の生産を目標としながら、一社会の経済を商品形態をもって処理するという資本家的商品経済に必然的なる廻り道を示すものといってよい。

表式は、以上述べてきたように、社会的総資本の前年度の全生産物をW′として出発点とし、その商品としての売買交換を通して、それを基礎にしてその年度の生産をなし、その生産物を次年度の出発点とするというようにして、資本主義社会の再生産過程を図式的に解明するものである。もちろん、この場合にも、資本の生産物たる消費資料によって労働力が再生産され、その労働力によってまた生産が行われるということが、その基軸をなしているのであるが、ここではそれが労働力の商品としての再生産に限定されることによって、全再生産過程が資本主義に特有なる法則性をもって展開されることになる。賃銀を通して労働者の手に渡される消費資料によって再生産される労働力は、資本のもとに種々なる生産部面に配分せられ、前年度の生産物たる生産手段をもって、新たに生産手段と消費資料とを生産するのであるが、そしてまたそれは同時に生産手段の価値ｃに、新たに労働によって形成せられるｖ＋ｍの価値を加えることになるのであるが、資本にとってはｖ部分は、ｃ部分と共に、先に投じた資本部分を回収する、いわば資本の一部分の再生産されたものとしてあらわれる。これに対してｍ部分は、ｖ部分と同様に労働によって新しく形成せられた、いわゆる価値生産物をなすにもかかわらず、資本にとってはその価値増殖分をなし、資本家の所得となるのである。労働者の賃銀も一般に所得といわれるが、それは労働力の商品の代価としてえられるものであって、資本家の所得とは全く異なっている。いかにも資本家の所得も商品の代価としての貨幣には相違ないが、それは剰余価値生産物の代価にすぎない。労働力商品の場合は、その代価によって自分らの労働によって生産された価値生産物を買戻すのである。しかもそれだけではない。労働者にとっては、労働力商品は販売してしまえば、それで済むというものではない。また実際、労働力は、他の商品と異なって、商品として販売しても労働者の手を離れるわけではない。労働者はその労働力を資本の生産過程に消費して、新たなる生産物と共に新たなる価値を生産し、剰余価値部分と共に労働力商品の代価として支払われた価値部分をも再生産するのである。いいかえれば労働者は、その労働力商品の販売によって、自らの生産物を買戻して労働力を再生産しつつ、また再び買戻すべき生産物を生産するのである。それは単なる商品の売買ではない。ただ労働力の商品としての売買関係がこの点を隠蔽し、労働力商品の代価をも資本家の所得と同様の所得と見せるにすぎない。事実、労働者の所得とせられる賃銀によって購入せられるべき消費資料は、資本の再生産過程から離れても、労働力の再生産にあてられて、労働力として復帰するのに対して、資本家の所得を形成する剰余価値部分は、資本の再生産過程から離れて、自由に処分せられうるものである。いわゆる純所得をなすわけである。またそれだからこそその内から新たに資本の蓄積をもなしうるのである。

年々の生産物価値c＋v＋mの内、v＋mはその年の労働によって新しく形成せられる価値として、いわゆる価値生産物をなすのであって、抽象的にいえば一社会の所得をなすものといってよい。それは前年の再生産を単純に続けるとすればすべて消費してよい部分である。あるいはまた再生産の拡張が行われるとすれば、その内から新たなる生産的追加が行われればよいわけである。しかしまた資本主義社会は、労働力の商品化によってこの再生産を商品形態をもって行い、v部分をc部分と同様に資本化し、その生産物の販売によって回収されるものとするのであるが、この場合にも実は前年のv部分は、労働者によって消費されてしまうのである。c部分のように他の資本の生産物との交換によって再生産の準備をなしうるわけではない。労働力は消費資料を労働者がその生活の内に消費して再生産されるが、この過程は資本の生産過程のように労働力の商品としての生産過程をなすわけではない。したがって労働力の価値が一日の生活資料を生産する労働時間によって決定されるといっても、消費される生活資料の価値が労働力商品の内に移転されるというような関係にあるわけではない。労働力の再生産は、資本主義社会にあってもやはり人間生活の内に行われるのであって、この労働力を再生産される労働者が、無産労働者として労働力を商品として販売せざるをえないということが、労働力を再び商品化するにすぎない。それは生産手段と異なって、その生産過程において商品として生産され、その消費過程においても商品として消費されるというものではない。それだからこそその消費は、労働として、新しく価値を形成することになるのであって、単にｖ部分だけでなく、ｖ＋ｍの価値生産物を生産するのである。ただ資本家的商品経済は、この基本的関係をも労働力の商品化によって特有な形態規定をもって処理するのであって、前にも述べたようにこの点を基軸として全再生産過程は、商品経済に特有なる法則性を与えられるのである。労働賃銀をも資本の得る剰余価値としての利潤と同様に所得とすることは、その特殊的形態規定を一般的な抽象的規定に解消することになる。いわゆる国民所得は、そういう商品経済の特殊性を無視した常識的概念である。それはしかし多くの常識的概念がそうであるように、全然無意味のものではない。ｖ＋ｍを社会的所得としうる抽象的規定に基づくものであることを忘れてはならない。

かくて労働賃銀は、通俗的にそうせられるように、利潤、地代、利子と共にいわゆる分配論で更めて論ぜられるべきものではない。分配論は、剰余価値m部分が資本家の間で、また資本家と土地所有者との間で、如何にして分配せらるかを明らかにすべきである。労働賃銀は、すでに明らかにしたように労働者の資本家に対する関係として生産論で明らかにされているし、また後に明らかにするように分配論で明らかにされる資本家同士の関係や資本家と土地所有者との関係で修正されるものではない。分配論は、資本家と労働者との関係を基礎にして、剰余価値を如何に分配するかを問題にするのである。ただそれが商品経済的に価格形態を通して行われるために、第三篇分配論は、いわば資本家的商品経済の具体的な諸関係を解明する一般的規定を与えるものとなるのである。

第三篇　分配論

G——W……P……W′——G′の形式をもって表わされる資本の運動は、Gを投じてG′を実現する資本の価値増殖の過程を示すものであって、すでに第一篇第三章で述べたように、その増殖分たる剰余価値は資本Gに対してはその利潤をなすわけである。資本は、この利潤の獲得を唯一の目標とするものであって、直接には剰余価値を生産しない不変資本部分に対しても剰余価値の分配がなされなければ、これに資本を投ずる意味はないものとせられる。資本にとっては、剰余価値は資本全体によって生産されたものとせられるのである。剰余価値率が$\frac{m}{v}$として、資本家と労働者との関係をあらわすのに対して、利潤率は$\frac{m}{c+v}$として、剰余価値の全資本に対する分配率を示し、資本家と資本家との間の関係をあらわすものとなる。同時にまた前者がいわば生産過程の内部における関係——といってもそれは個々の生産過程というよりは、労働者と資本家との関係として全社会的なる生産過程ということになるが、そういう生産過程における関係——であるのに対して、後者は資本がその生産過程に対する関係として、一定の期間における資本の価値増殖率を示すものとなる。かくして資本は、この利潤率を基準にして各種の生産部門を選択し、社会的に需要せられる各種の使用価値を、それには直接関心をもたない資本が、社会的に生産し、供給することになる。それはいわば商品経済的廻り道であるが、同時にまた社会的需要の充足を商品経済の法則をもって実現する、資本主義的に特有なる原理を具体的に展開するものである。地代、利子による剰余価値の分配も、この資本の原理の貫徹のための、いわば補助物をなすものである。

地代は、土地によって代表せられる、独占せられうる、制限せられた自然力が、資本の生産過程において生産手段として役立ちながら、資本に対して外的なる条件をなすということから、その所有に対する資本自身の譲歩を示すものといってよい。これに対して利子は、個々の資本の運動に伴って生ずる遊休貨幣資本を資金として一時他の資本に融通し、剰余価値の生産を社会的に増進して、その一部分をその代価として受けるものである。それは資本の再生産過程において資本が商品、貨幣の形態に留まる期間としての流通費用の節約に基づくものである。前者が資本の運動にとっての外部に対する剰余価値の分与であるのに反して、後者は流通費用の節約に基づくものとして資本の運動の、いわば内部において増産された剰余価値の再分配をなすわけである。しかし前者は、生産過程自身に直接に基づくものであって、後者のように資本の運動を補足する、いわば第二次的なる関係を有するものではない。理論的展開は、利潤に次いで地代、利子ということになるのである。(1) しかしいずれにしても利潤論の場合と同様に、純粋の資本主義社会を想定してでなければ、その基本的規定を与えることはできない。即ち、地代にあっては、労働力を商品として買入れる資本家が、その生産過程を土地所有者から借入れた土地において行い、借入れの代価として支払われるものとして、また利子は、産業に資本を投ずる資本家同士の間でその遊休資金を融通するという関係を基礎にするものとして、その規定を与えられなければならない。その他の具体的な関係は、他の場合と同様に、この基本的規定を基準にして解明されるべきものである。(2)

（1）『資本論』は、一般利潤論を直ちに商業利潤論で補足する方法をとっているが、そしてこの商業利潤論につづいて利子論を展開しているが、これでは商業資本の流通費用節約の機能が、利子論における流通費用節約の一般的規定に基づいて展開されないことになり、また利子論自身も、『資本論』が示しているように、純粋の資本主義社会を想定する基本的規定を与ええないものに陥ることにもなる。利子論は、商業利潤と共に、資本の生産過程に直接に基づく地代論に次いで、いわば一般利潤論が地代論によって直接的に補足された後に展開せらるべきである。いいかえれば地代は、流通費用の節約を基礎とする利子の成立に先だって解明されるし、また解明されなければならないものと考えられるのである。

（2）もちろん、実際上は例えば資本家ではない農民が地主から借入れる土地に対する地代、あるいはまた直接資本の運動過程からとはいえない資金の融通に対する利子が支払われるという場合が少くないのであるが、そしてそういう貸借関係が多かれ少かれ地代なり、利子なりの形成に影響することにもなるであろうが、それらはすべて他の場合と同様にこの基本的規定を基準として解明せらるべきである。マルクスも地代については、その解明に資本主義的生産様式を前提とすることを明らかにした後に、「土地所有及び農耕の別の諸形態もまた存在したし、或いは今なお存在するということが持出されるとしても、それは我々の展開にとっては全く問題にならない異論である。それはただ農業における資本主義的生産様式とそれに対応する土地所有形態とを、歴史的範疇としてではなく永久的範疇として取扱う経済学者にのみ、的中しうるに過ぎない。」(『資本論』第三巻〔イ〕六六三頁、〔岩〕(八)八頁)といっている。これに反してマルクスは利子については、そういう方法論的規定を明確にしていない。事実、その利子論は、後に述べるように、純粋の資本主義社会を想定して展開しているとはいえないのである。

産業資本の遊休貨幣資本の資金としての融通は、銀行という特別の機関を通して行われ、一般の利潤を分与せられる銀行資本によって担当せられる。これに対応して、またかかる銀行を通して行われる金融関係による流通費用の節約を前提として、商品形態として留まる資本の流通費用の節約が、独立の資本によって行われる。いうまでもなく商品売買に要する費用を節約する商業資本であるが、これもまた一般の利潤の分与を受けることになる。しかしこの商業資本に与えられる利潤は、もはや資本の生産過程においいて生産された剰余価値を直接に分与せられるものではない。しかもそれは資本家の活動自身に基づくものとして、いわゆる企業利潤の形態を確立することになる。そしてまたそれに対応して資本は、それ自身に利子を生むものとしての資本という、資本家的商品経済の物神崇拝的性格を完成する形態を展開する。すなわち資本――利子、土地――地代、労働――賃銀という、マルクスのいわゆるブルジョア社会の三位一体をなす、常識的観念が確立される。資本主義社会は、これによって商品経済的にその階級関係を隠蔽されることになるのである。かくてこの第三篇は、剰余価値の利潤としての分配方式を一般的原理として展開し、続いて地代、利子を、その原理の展開を補足するものとして規定し、最後に資本主義社会の特殊の階級性を明らかにすることをもって全体の結論とするのである。

第一章　利　潤

第一節　一般的利潤率の形成

――価値の生産価格への転化――

資本は、生産過程においてその価値増殖をなす産業資本としてG――W……P……W′

——G′の運動を展開することになっても、G——W——G′の商人資本的形式を一般的形式とするものである。商人にとってWが単にGのG′への価値増殖の手段をなすのと同様に、産業資本にとってもW′はそれ自身にはその生産の目的をなすものではない。事実、資本家は、生産過程において増殖される剰余価値も、安く買って高く売ることによって得られる剰余価値と共に、その内に獲得するのであって、G——Wの過程で買入れられる生産手段と労働力との価格を、W′——G′の過程で販売される商品に対して、その費用価格となすのである。個々の資本家は、生産手段にしても、労働力にしても、できうる限り安く買い、その生産物たる商品W′はできうる限り高く売ることに努力する。それと同時に生産過程における生産手段と労働力との消費も、できうる限り無駄なく行われるように配慮する。生産手段は節約され、労働力は十分に使用される。いずれも費用価格を節約してより多くの利潤を得ようとするものである。しかし生産手段にしても、労働力にしても、その価格は、生産物たる商品の販売価格と同様に、一定の価値による基準を有していて、そう安く買うわけにはゆかないし、生産物もまたそう高く売るわけにもゆかない。個々の資本家にとっては、また時と場合によっては、この安く買って高く売るということが極めて重要な利潤の源泉をなすこともあるであろうが、すでに屢々繰り返し述べてきたように、かかる個別的なケースをもって一般的に資本の利潤を規定するわけにはゆかない。生産手段と労働力も、また商品生産物も、一般的には——原理論の想定する純粋の資本主義社会としては、資本の競争からいっても当然のことであるが——一定の価格をもって売買されるものとしなければならないし、また生産過程における生産手段の節約、労働力の使用も、一定の標準に一様化される傾向を有するものとしなければならない。事実、こういう一般的前提のもとに始めて、資本はあらゆる生産部門に配分せられて、その生産をなすという社会的機能を有することを明らかにされるのである。しかしそれにしてもなお資本にとっては、商品の価値は、費用価格に剰余価値を加えたものとしてあらわれるのである(1)。

(1)　資本家にとっては、資本の生産物はいうまでもなく自らの労働による生産物ではないので、その価値が労働によって形成せられるということは、いわば実感を伴わないのである。生産過程においてできうる限り労働時間を延長しようとするのも、一定の代価を払って購入した労働力商品の使用価値をできうる限り利用して、その費用価格を割安にしようとするものにほかならない。元来この費用価格の概念は、商品価値のc＋v＋mの価値構成を全く資本家的に無概念的に処理するものにほかならない。cに対するv＋mが価値生産物として、元々可変資本としてのv部分とは直接には関係のない、労働力商品の使用価値としての労働によって形成せられたものであることを完全に無視するものである。もちろん、v部分をm部分と同様の所得とすることはできないが、しかしそれはv部分がc部分と同様に、その資本価値を新生産物に単に移転せられたものにすぎないことを意味するものではない。v部分は、新たなる価値生産物v＋m部分の一部分として回収されるにすぎない。かくてv部分の増減は、m部分の減少、あるいは増加となってあらわれるのであって、v＋m部分自身の増減をもたらすものではない。後者の増減は、労働力商品によって加えられる労働の増減によるのである。ところが、費用価格概念は、このc＋(v＋m)の関係を、(c＋v)＋mと資本家的に入れ替えることになる。この点についてマルクスは次のようにいっている。「……商品の価値の内、その商品の生産に支出された資本価値を補塡するだけの種々の部分を、費用価格という範疇のもとに総括することは、一面では資本主義的生産の特殊の性格を表現している。商品の資本家的費用は資本の支出によって計られ、商品の現実の費用は労働の支出によって計られる。だから商品の資本家的費用価格は、商品の価値または商品の現実の費用価格とは量的に違うのである。それは商品価値より小さい。というのはW＝k＋mだからk＝W－mとなるからである(kは費用価格を示す——宇野)。他面では、商品の費用価格はけっしてただ資本家の簿記のなかだけにある一項目なのではない。この部分の独立化は、商品の現実の生産で絶えず実際に貫かれている。けだしこの価値部分は商品形態から流通過程を経て絶えず再び生産資本の形態に再転化されなければならず、したがって商品の費用価格はその生産に消費された生産要素を絶えず買いもどさなければならないからである。」(『資本論』第三巻(イ)四八—九頁、(岩)(六)四三頁)と。

資本家にとっては、かくて商品を販売してえられる代価は、まず第一には費用価格を回収するものでなければならないが、しかしその目標はこの資本としての費用価格を超過する剰余価値にある。それができうる限り多いことを求めるのであるが、前に述べたようにそれぞれの商品は一定の価値としての基準を与えられている。またこの基準によって労働者に対しても、その剰余労働による剰余価値をうることになっているのである。ただ資本は、その生産過程の相違によってはその費用価格の構成自身を異にするのであって、必ずしも同額の資本が同額の剰余価値を生産するということにはならない。例えば同じく一〇〇の費用価格を投ずる資本も生産手段に九〇を投じ、労働力に一〇を投ずるものと、前者に七〇、後者に三〇を投ずるものとでは、剰余価値率を同一の一〇〇％としても

$$90c+10v+10m=110$$

$$70c+30v+30m=130$$

というように、剰余価値と共にその価値をも異にすることになる。資本に対する剰余価値の比率である利潤率を異にするわけである。しかし資本は、利潤率を投資の基準とするものであって、この場合、利潤率の低い前者は当然に避けられ、利潤率の高い後者が選択されるものとしなければならない。しかしまたこの費用価格には、その生産に投ぜられた固定資本価値の一部分を計上せられるにすぎない。すでに第二篇第二章で明らかにしたように、固定資本はその価値の一部分ずつを生産物に移転せられるのであって、

ここで利潤率としてその剰余価値を比較せらるべき資本は、費用価格中に含まれる固定資本価値の一部分ではなく、固定資本として投下された全価値を含むものでなければならない。また実際、資本家にとっては、その剰余価値はかかる資本全体によってえられるものにほかならない。さらにまたこの資本家的なる費用価格の概念は、運動体としての資本としては当然であるが、その価値増殖をなす期間をも含蓄するものである。それは単にこの商品生産物を生産するのに要する労働時間というのでなく、商品として生産され、商品として販売されて、利潤としての剰余価値を実現するまで、一定量の資本としての費用価格が投ぜられているという、その期間がまた利潤率決定の要因をなすわけである。かくて資本の利潤率は、㈠剰余価値率と、㈡固定資本を含む不変資本と、剰余価値を直接に生産する可変資本との比率としての、資本の構成と、㈢労働期間を含む生産期間ばかりでなく、生産物の商品としての販売期間を含む流通期間をも加えた、資本の回転期間の三要因によって決定されるのであって、これらの要因の相違は、利潤の獲得を唯一の目標とする資本の投下を左右するものとなるのである。

まず第一の剰余価値率について見ると、それはすでに述べたように、一日の労働時間の内で労働者がその生活資料を生産するのに要する労働時間によって決定される、いわゆる必要労働時間とそれを超過する剰余労働時間との比率をなすものであって、労働の生産力の増進と共に必要労働時間を減じて、その率を高めることになるのであるが、さらにまた一日の労働時間としてのいわゆる労働日も多かれ少かれ短縮せられることにもなるのであるが、それは産業の如何によることなく一様に行われるものといってよい。もちろん、実際上は労働者も賃銀の高い、労働時間の短い産業を選んで自由に職場を変えうるものではないし、また多かれ少かれ熟練、不熟練その他の差を残すのであるが、機械的大工業の発達による労働過程の単純化は、かかる相違を解消するものとして作用するのであって、一般的には各種産業部門に均等なる剰余価値率を想定することができるのである。いいかえれば理論的には、資本は対労働者の関係では均等なる剰余価値率のもとにその投資部面を互いに競争して選択するものとせられ、実際上の剰余価値率の相違は、個別的なる特殊の事情によるものとして別の解明を与えらるべきものとしてよいのである。

これに対して、資本の構成ということになると、各生産部門で種々異なるのが当然である。それはまた資本主義の発展によって解消されるというような相違ではない。一般に大資本を要する生産では可変資本に対して不変資本が多く、いわゆる高度の構成をもつことになり、小規模の生産では、反対に不変資本に対して可変資本が比較的に多く、構成の低い資本でよいということになるであろうが、それは兎も角、理論的にも産業によって、資本の構成が異なるものとしなければならない。しかしそうすると、すでに費用価格との関連で述べたように、同額の資本でも高度構成のものよりも構成の低いものの方がより多くの剰余価値を生産することになり、資本は前者を避けて後者を選んで投下される。かくして前者の生産物の価格は、その価値以上に騰貴し、後者にあってはその価格は価値以下に低落せざるをえないことになり、結局、両者に同額の資本に対してその利潤を均等にする価格を基準とすることになる。即ち、資本の生産物にあっては費用価格に、その全資本に対する平均利潤を加えた、いわゆる生産価格が、価値に代わって、需要供給によって変動する市場価格の運動の中心をなし、生産の社会的規制をなすものとなるのである。しかしこの価値の生産価格への転化は、もちろん、個々の商品の生産に要する労働時間の変化を意味するものではない。それを前提とする、その商品の社会的生産量を決定するために、資本はかかる廻り道を必要とするのである。いいかえれば資本としては、生産に一定の労働時間を要する生産物を、直接かかるものとしては社会的にどれだけ生産したらよいかを決定しえないのであって、生産価格によって——もちろん、それぞれの生産物の個々の生産に必要なる労働時間に基づいて——資本を、したがって労働を社会的に各産業に配分することになるのである。

利潤率を決定する第三の要因である資本の回転期間は、可変資本を基軸とする流動資本の回転によって決定される、労働期間を含む生産期間と生産物の商品としての販売の行われる流通期間とからなるのであるが、前者の生産期間は、生産過程の性質によって自然的に、あるいは技術的に決定されるのであって、資本の構成と同様に、それぞれの生産部門において種々異なった一定期間を要するものとして、その相違による利潤率の差は、資本の構成の相違と同様に、価値の生産価格への転化によって解消されることになる。ところがこれに対して流通期間となると、その生産物の品質から一定の期間を限定されるものもないではないが、一般的にいって個々の場合に種々異なるのであって、資本もこの点による利潤率の差は、直接に価値の生産価格化によって解決するというわけにはゆかない。後に述べるように、その売買を商業資本に専門的に担当せしめることによって、産業資本はこの不生産的な費用を節約しつつ利潤の平均化を実現するのである。(2)

(2)　原理論としては、産業資本における剰余価値の利潤としての分配を説いた後に、剰余価値の生産に積極的には役立たない流通費用を節約する任務をもつものとしての商業資本とそれに対する利潤とを説くことになるが、実際の資本主義の発展では、むしろ反対に商業資本は、商人資本として商品売買にあたっていたものが、産業資本の普及と共に、その下に商品売買を担当するものに転化するということになる。商人資本としては、単に安く買って高く売ることによって利潤をえ、しかも小生産者の生産物を主とするものであって、一般に資本の利潤の実体をこれによって理論的に規定しうるというものではない。しかし商人資本は、第一篇第三章でも述べたように、資本としては最初に出現したものであって、その資本形式は産業資本にも通ずる一般的なるものである。そしてまたそれがために、この章でも明らかにしているように、産業資本もその剰余価値の利潤としての分配をこの形式に基づいて行うのであるが、しかし流通費用の平均化まで産業資本自身でなしうるわけではない。その点はここでは、後に展開される商業資本にその売買を委ねるものとして、理論的には捨象して考察してよいし、またそうせざるをえないのである。

かくて資本は、その生産物をその費用価格に平均利潤（全資本に対する）を加えた生産価格で売買するのであって、価格の運動は直接に価値法則によって規制せられるものとはいえなくなる。例えば生産方法の変化によって商品の生産に要する労働時間が変化するという場合にも、直ちにそのままにはその価格の変動としてはあらわれないで、剰余価値の利潤としての分配による歪曲を受けつつその変動の影響をあらわすことになる。しかも費用価格をなす生産手段の価格も、さらにまた労働賃銀として支払われる労働力の価値を決定する生活資料の価格も、その価値から多かれ少かれ離れた生産価格によって売買されるのであって、費用価格自身がその価値から乖離した価格によるものとなる。またこの費用価格に加えられる平均利潤も多かれ少かれ価値から離れた生産価格による資本額に対するものであって、資本の生産物の生産価格は、上述したような簡単な関係で価値から乖離したものとするわけにはゆかない。しかしこのことは労働者が一日の労働の内いわゆる必要労働時間をもって自分自身のために労働し、剰余労働時間をもって形成する剰余価値を資本の利潤となすという労働者の資本家に対する関係自身には何等の変化をもたらすものではない。(3) いいかえれば価値から乖離した生産価格は、資本が全体として労働者からえた剰余価値を個々の資本の間に平等に分配するために生ずる、個々の資本家の間の関係にすぎない。価値以上の生産価格を実現する資本は、価値以下の生産価格を実現する資本から、その剰余価値の一部分を分与せられ、互いに同額の資本に同額の利潤をうることになるのであって、利潤率は、一般的利潤率として全資本に一様化するわけである。

(3)　労働者の購入する一日の生活資料が、例えば六時間の労働の対象化されたものとしての価値よりも下の生産価格をもって売買されるとすれば、一日の労働賃銀はその生産価格によって決定されるわけであるが、労働者としてはその賃銀によって、六時間の労働生産物を買戻すわけであって、例えば一日一二時間の労働をなすとすれば、あと六時間は剰余労働として資本家の手に剰余価値を生産することになる。この場合、資本家と労働者との間では、生活資料が如何なる生産価格によって売買されようと、六時間の労働生産物としての生活資料を労働者がえ、六時間の剰余価値生産物を資本家がうるということに変わりはない。すでに明らかにしたように、価値法則は、資本家と労働者との間の関係を決定するという点に最も根本的なる役割を有しているのであって、一般の商品の間の交換関係もこの関係を基準として始めて法則的必然性をもって規制せられることを論証されるのである。ここでもその点が特殊の形であらわれているものといってよいであろう。

価値の生産価格への転化は、しかし価値の変動を直接に表わさなくなるばかりではない。その商品の生産には何等の変化のない場合にも、他の商品の生産にあたる資本に、その構成あるいは回転期間に変化をもたらすような、生産方法の変化があれば、多かれ少かれその生産価格に変動を受けざるをえない。一般的利潤率自身が変化するのである。また価値ならば賃銀の騰落によって影響を受けるわけはないが、生産価格となると、利潤率の一般的変動を通して資本の構成の如何によって異なった影響を受ける。例えば資本の一〇分の一が可変資本である部門と一〇分の三が可変資本である部門とでは、賃銀の騰落が異なった影響を及ぼすことは、生産価格としては当然である。(4) しかしもちろんそれは単に費用価格の増減がそのままに生産価格の増減となるというのではない。いずれにしても、これらはすべて労働の生産物が資本の生産物として商品交換されるということに基づく価値法則の展開である。なおまたこの展開は、生産物の商品としての交換にあたって、その価値を尺度する貨幣金自身も資本の生産物であるということを含むものとしてなされることに注意しなければならない。即ち金生産も、資本によって行われる限り、平均利潤を保障されなければならないので、貨幣たる金も、その価値に代わっていわばその生産価格にあたるものによって、他の商品の価値を尺度するということになる。(5)

（4）　例えばⅠ、Ⅱ、Ⅲ、の三部門の資本が全社会の資本を代表するものとし、その生産物の価値構成と利潤率とを次の如きものとする。この場合、簡単にするために、固定資本の存在、回転期間の相違その他はすべて捨象することにする。

Ⅰ　$80c+20v+20m=120$
Ⅱ　$90c+10v+10m=110$
Ⅲ　$70c+30v+30m=130$

$240c+60v+60m=360$
$P'=\frac{60\times 100}{300}\%=20\%$

今、賃銀が一〇％騰貴すると、生産物の価値構成と利潤率とは次のように変化するであろう。

Ⅰ　$80c+22v+18m=120$
Ⅱ　$90c+11v+9m=110$
Ⅲ　$70c+33v+27m=130$

$240c+66v+54m=360$
$P'=\frac{54\times 100}{306}\%=17\frac{11}{17}\%$

そこで生産価格は次のように変化する。

Ⅰ　$(80+22)+18=120$

Ⅱ　$(90+11)+17\frac{14}{17}=118\frac{14}{17}$……$1\frac{3}{17}$ の低落

Ⅲ　$(70+33)+18\frac{3}{17}=121\frac{3}{17}$……$1\frac{3}{17}$の騰貴

即ち、賃銀の騰貴は、高度構成の資本の生産物では、その生産価格を低落せしめ、低度のものでは騰貴せしめる。反対に賃銀の低落は、反対の結果をもたらすものといえる。いずれにしても中位構成の資本では、利潤率を変動せしめるだけで、生産価格には変化はない。賃銀の騰落が、商品の価値に変化を及ぼさないということは、この中位のものにあらわれる。いいかえれば全資本の生産物については同じことがいえるわけである。賃銀の騰落は、全体としての価値生産物v＋mには増減なく、mの増減としてあらわれるだけである。しかしそれは資本の価値構成と剰余価値率とを変え、各資本間の構成の相違の関係を変えることになるために、一般的には生産価格に変化をもたらすことになるのである。

(5)　例えば金生産が、前註の資本Ⅲのように低位の資本構成をもって行われているとすれば、一三〇(70c＋30v＋30m＝130)の価値を有するものとしてではなく、一二〇という生産価格にあたるものをもって、したがってもしそれが一ポンドとせられる一定量の金であるとすれば、一般に一二〇の生産価格を有する商品は、すべて一ポンドの生産価格を有するものとせられることになる。

貨幣たる金が、一定の不変の価値を有するものとしてではなく、価値を変動する一商品として価値尺度をなすというだけでなく、価値から乖離した生産価格にあたるものをもって、他の商品の価値尺度をなすということは、あるいは異様のことと考えられるかも知れないが、資本によっていわば私的に生産される商品生産物は、同様に資本によって私的に生産される金によって、その価値を尺度されつつ社会的需要を充足するというのが、商品経済の特性をなすわけである。

生産価格の運動は、かくの如く価値法則をそのままに展開するとはいえないが、しかし商品経済を支配する価値法則は、むしろこの資本の生産物において、したがってまた価値の生産価格化によって始めて、いわばその実現の機構を確立され、全面的に貫徹されることになる。全社会の需要する種々なる使用価値が、その個々の生産に要する労働時間を前提とし、それに基づいて、それぞれの量において生産されるということが、利潤率を通して客観的に規制せられるのである。資本は、それによって各種の生産物の生産に社会的総労働の均衡をえた配分をなすわけであるが、労働力の商品化がそれを可能ならしめるのである。もちろん、個々の資本は、その生産過程で労働力の消費としての労働によって価値を形成し、剰余価値をも増殖するのであるが、それをそのまま自己の価値増殖とはなしえないで、生産価格によって均等に配分するのであって、一方では価値以上に出る生産価格で売買される商品があれば、他方に価値以下の生産価格でなければ売れない商品があるということになる。先にあげたいわゆる再生産の表式では、社会的総資本の均衡をえた再生産を、直接に価値によって規制せられるものとして考察したのであるが、実際は資本は、価値の形成増殖を基礎としながら、生産価格によって規制せられて再生産の均衡を実現する。(6) 一般的利潤率は、その客観的基準をなすわけである。もっともこの一般的利潤率なるものも、個々の資本ができうる限り多くの利潤をえようとして有利な産業を選択することから形成せられるものであって、一定の明確なる率として、全資本に具体的に保障されるというものではない。各種の産業に対する資本投資の競争による合成物とでもいうべきものである。同時にまたそれが客観的には投資の基準となるのである。

(6) 先に第二篇第三章第三節で社会的総資本の再生産過程をいわゆる再生産表式によって図式的に解明し、今この第三篇第一章の利潤論で一般的利潤率の形成を「価値の生産価格への転化」として説くと、すでに価値法則によって直接に行われた社会的総労働の各生産部門への配分が、ここで価値の生産価格への転化によって修正され、変更されるもののようにも解されるであろうが、そうではない。ここでは個々の産業への労働の配分が問題なのである。そして労働のこの配分自身は、資本の生産物としては、生産価格を基準として、それに規制せられて行われざるをえないが、しかし表式は、こういう資本家的機構による各産業への資本の、したがってまた労働の配分そのものを表示するものではない。また表示しうるものでもない。各産業に対する資本の、したがって労働のかかる配分が、集って生産手段生産部門と消費資料生産部門とをなすものとして、その間の関係が表式に表示されるのである。しかもそれは個々の資本家の間の関係としてではなく、労働者と資本家との間の関係、いいかえればc、v、mの価値関係を基礎として、生産手段と消費資料とに一定の現物としての関係を展開するのである。それは生産価格による資本の個々の産業への配分の、いわば外枠をなすものである。個々の資本に対する価値の生産価格化による社会的規制も、表式に表示される価値法則による一定量の生産手段と消費資料との生産を実現することによって、社会的再生産過程を遂行するものとなる。事実、価値の生産価格化は、価値の形成、並びに剰余価値の増殖そのものには何等の影響を及ぼすものではない。むしろそれを前提として剰余価値を利潤として分配するためにその転化も行われるわけである。

第二節　市場価格と市場価値(市場生産価格)
——需要供給の関係と超過利潤の形成——

相異なる産業部門間の生産流通過程における資本の構成と回転との相違に基づく利潤率の相違は、上述したように、資本としてはその生産物の価値の生産価格化によって解消し、あらゆる産業に投ぜられる資本に一般的利潤率による平均利潤を分与せられることになるのであるが、しかし実際は、個々の産業部門内における個々の資本は、必ずしも同一の条件によって生産をなすものとはいえない。少くとも資本の大小による規模の相違は多かれ少かれ残存するものとしなければならないのであって、その間に利潤率の相違を生ずることを避けることはできない。後に述べるように、従来と異なった改良された方法によって生産が行われ、旧来の方法による資本と競争するというような場合、あるいはまた農業その他のように土地によって代表される、制限せられた自然力を重要な生産手段として使用するために、個々の資本の間に生産力の相違を来たすというような場合、そういう特殊の場合はもちろんのことであるが、一般的にいっても生産条件の何らかの相違による利潤率の相違は、実際上免れることができないのである。もちろん、資本はそれぞれできうる限り有利な条件を求めて競争し、そういう相違を解消し、同一の生産条件のもとに生産する方向に進むものといってよい。事実、市場においては、生産条件の相違をもって、異なった価格を要求するわけにはゆかない。いわゆる一物一価の原則によって、有利な条件のもとに生産されたものと同一の価格で販売しなければならない。いわば各産業部門全体が一資本によって生産されたもののようにして、他の産業部門との間に投資の選択が行われ、一定の一般的利潤率による平均利潤を与えられるということになるのである。それにしても同種の商品が、すべて一資本のもとに、しかし例えば生産条件の種々異なる諸工場において生産されるとすれば、資本は、全体を合計して、その全資本に対する利潤率を平均的に計上することもできるであろうが、かかる工場がそれぞれ別個の資本によって経営せられ、その利潤率を異にするということになると、これを単純に合計して平均するというわけにはゆかない。かくて一般的利潤率の形成は、実は、同種の商品を生産する同一部門には、むしろ多かれ少かれ利潤率の相違を残すことにもなる市場価値規定の支配を内包しているものとしなければならない。いいかえれば同一部門内で利潤率が均等となる場合にも、かかる市場価値規定によってそうなるものということになる。資本の生産物にあっては、それは市場価値に代わる市場生産価格としてあらわれるわけであるが、もちろん、この生産価格は同一部門内の資本に必ずしも利潤の平均をもたらすというものではない(7)。それは価値と同様に市場価格の運動の中心をなすものとしての生産価格である。

(7)　すでに価値の生産価格化を説いた後になって、ここで市場価値を説くのは、順序が逆のようであるが、実は商品の価値規定自身が、社会的需要に応じた供給を前提とし、この前提は機構的には資本の生産物における価値の生産価格化によって始めて現実に与えられるという関係にあるのであって、価値規定の市場における制約も、価値の生産価格化を前提として始めて説けるのである。同一種類の商品の生産をする資本が、その生産物を市場において販売する場合には、すでにこの前提の下に競争するのであるが、しかしそこでは生産条件の相違から生ずる利潤率の相違を価値の生産価格化によって解消するわけにはゆかない。いいかえれば同一部門内での資本の間には価値の生産価格化は行われないと同じであって、価値関係自身に与えられている市場価格の運動の中心をなすものとしての市場価値規定によることになる。資本の生産物としての価値の生産価格化もこれに対して別に新たなる規定を加えるわけではない。したがって市場価値規定はまた同時に市場生産価格規定をもなすわけである。

もちろん、一般的傾向としては、いずれの産業にあっても、中位的な生産条件による生産が供給の大量を占めることになり、その価値が市場価値をもなすのであるが、しかし必ずしもそうとは限らない。元々、市場価値は商品の需要に対する供給が、市場価格の騰貴するとき増加し、低落するとき減少するという価格の運動の中心をなすものとして、需要供給の均衡を基礎にして決定されるのであって、それはかかる変動の過程で供給の増加が如何なる生産条件の生産による商品によって行われるかにかかることになる。一般に中位的生産条件による商品の価値が市場価値をなすというのも、その商品の供給増加がかかる商品の生産の増加によって行われ、特に優良なる条件、あるいは劣等なる条件のものが例外とせられるからである。これに対して供給増加が、比較的劣等なる条件のもとに生産される商品によって行われるとすれば、市場価値はこの商品の個別的価値によって決定され、優良なる条件をもって生産する資本はもちろんのこと、中位的条件をもってする資本も、平均利潤以上に出る超過利潤をうることになる。反対に、供給増加が優良条件をもって生産する資本の商品生産物によって充足されるという場合には、この商品の個別的価値によって市場価値が決定されることになるのであって、劣等条件の資本はもちろん、中位的条件の資本も平均以下の利潤をしか得られなくなる。この場合はしかしもしこれがためにかかる不利なる条件の資本が、その生産を停止し、供給が減ずることにでもなれば、その不足は優良なる条件の資本がその生産増加によって補うということになるのでなければならない。中位的条件の資本による商品の個別的価値が市場価値を決定するという場合にも、劣等条件の資本がその生産を停止すれば、この中位的条件の資本がそれを補うというので、市場価値決定をなしうるわけである。(8)

(8) マルクスは『資本論』第三巻第二篇第十章で市場価値規定を与えようとしているが、しかしそれは市場における価格の変動を通して、需要と供給とが互いに変動しつつ調節せられる点を明確にしないで説かれているために、不成功に終っている。この点は、マルクスの価値形態論自身の欠陥とも関連するものと考えられるのであって、方法論的にも重要な問題をなすものである。私も従来いろいろの機会に論じてきたのであるが、大体のことは、拙著『経済学方法論』のⅣの二「価値形態論と価値実体論」で述べておいた。特にマルクスの市場価値論の欠陥については同書の二一七頁以下を参照せられたい。

市場における売手、買手の競争では、しかしまたマルクスもいうように「……さしあたり弱い方の側……では、個人が自分の競争仲間の集団から独立に、また屢々直接にその集団に対して反対に働いており……強い方の側は、いつでも多かれ少かれまとまった一体として相手方に対抗する。」（『資本論』第三巻〔イ〕二二〇頁、〔岩〕㈥三〇三頁）のであって、例えば「……一定種類の商品にとって需要が供給より大きければ、ある買手が――ある限界内で――他の買手よりも高い値をつけ、かくしてその商品を誰にとっても市場価値より高くするのであるが、他方では売手たちが共同して高い市場価格で売ろうとする。これとは反対に供給の方が需要よりも大きければ、あるものがもっと安く売りとばすことを始め、他のものもこれにならわなければならなくなるが、他方、買手たちは共同して市場価格をできるだけ市場価値より低く押し下げようとする。共同する側が各人に関心をもたせるのは、ただそれに反対するよりもそれにつく方が利益が多い間だけである。そしてこの側そのものが弱い側になれば、共同はなくなり、そこでは各個人が自分の腕でできるだけうまく切り抜けようとすることになる。」（同上）といってよい。しかしこの競争は、単に与えられた関係の売買の競争だけに終るわけではない。需要が供給を超過すれば、価格は上って供給が増加され、反対に供給が需要を超過すれば価格は下って供給が減ぜられることになる。しかもこの供給に対する需要の超過とか、需要に対する供給の超過ということ自身が、この需要供給の相互に規制する関係の内に形成せられる市場価値を基準にしていえることとである。問題点は、この市場価値を決定する、その商品の生産条件が大体においては標準的なものになるが、必ずしもそうでないということにあるわけである。

商品経済は、社会的に需要せられる生産物を個別的に、社会的計画なしに、いわゆる無政府的に生産するものであって、個々の生産者に対しては、価値法則がいわば外部から自然法則のように強力的なるものとして作用して社会的規制をなすのである。しかしながらこの価値法則による社会的規制がまた、労働生産過程を基礎とする、あらゆる社会に共通なる経済の原則を、商品経済に特有なる形態をもって法則的に実現するものとして、特殊の機構をもって展開されるのである。すでに述べてきたように、それは資本の生産過程における労働者と資本家との関係によって始めて社会的に全面的なる、必然的展開の基礎を与えられるのであるが、それと同時に価値の生産価格化という資本家的廻り道をせざるをえなくなる。それは商品経済が、社会的労働を各種の産業にその必要に応じていわば機動的に配分するための特殊の客観的方法をなすものにほかならない。ところがこの配分は、社会的関連における需要に対応する供給量の如何によって種々異なることにもなる。しかもそれは同一種類の商品の生産をなす産業部門が、その配分を必要とする労働総量というのでなく、変動する需要に応ずる供給が如何なる生産条件のもとに生産される商品によって充足されるかによって決定されるのであって、上述のような特殊の市場価値規定にしたがうわけである。いいかえれば社会的には実際に投ぜられる労働総量以上に、あるいは以下に評価されることにもなる。もちろん、価値の生産価格化は、当然にこの市場価値規定を市場生産価格として実現する。かくてそれぞれの産業部門に属する個々の資本の間には、利潤率の相違を残しながら、各種の産業部門で生産される商品の市場価値を決定する資本の間には均等なる利潤率を実現するということになる。逆にいえば資本は、市場生産価格規定によって、一般的には何れの生産部門を選択しても一定の利潤率を実現するということになるのであるが、同一産業の資本では必ずしも同一の利潤率を保障されるわけではない。しかしまたこういう関係は、資本主義的生産には当然なる需要供給の不断の変動の内に確立されるのであって、一定の固定的なるものとしてではない。いうまでもなく需要は、いわゆる有効需要としては、供給を基礎とし、前提としなければならないが、供給はまた需要によって制約される。しかも資本主義的生産は、資本の蓄積によって、供給と同時に需要を常に増進しつつ発展するのであって、両者は不断の価格の変動の内に互いに調節されるのである。マルクスのいわゆる不断の不均等の不断の均等化の過程をなすわけである。市場価値はこの均等化の標準として形成せられる。もちろん、需要供給の関係自身がこの市場価値規定の実体を形成するわけではない。それは上に述べてきたように、市場価値を決定する商品の生産に要する労働時間によって形成せられるのであるが、その商品が市場価値を決定す

る商品となるということが需要供給の関係によるのである。(9)

(9)　農業や水産業のように、自然的条件に異常な変動があると生産高も異常に変動するものにあっては、これがために生じた不均衡は資本によって直ちに均衡化されるとは限らない。これらの産業では、平常の自然的条件を前提として資本も投ぜられ、その増減もなされるわけである。

なお、市場価値の形成は、その決定に対する使用価値の、したがって需要の消極的役割を明らかにするものである。同一使用価値の商品も、その生産にあたる資本の生産条件の如何によっては、前に述べたように、あるいは利潤に超過をもたらすものもあるし、あるいは削減をうけるものもある。仮に超過利潤を求めて競争する資本が何れも同じ生産条件を利用することになれば、新しい市場価値の出現と共に利潤の超過も削減も解消されるものとせざるをえない。

しかしまた、種々異なった使用価値を有する商品を生産する資本の間では、その価値の生産価格化によって社会的需要を満たすために利潤率の均等化をはかるのであるが、同種の使用価値を有する商品を生産する資本の間には、利潤率の不均等が一般的である。もっともこの現象は資本関係に限るわけではなく、商品経済に特有な市場価値の規定によるものである。しかし、資本関係を入れると市場価値規定は明確になるので、一般的に説くときにも、これを入れて(ただし後に地代論として展開する関係にはここでは直接触れえないで)説明する。

第三節　一般的利潤率の低落の傾向
——生産力の増進と景気循環——

同一種類の商品を生産する多くの資本の中にあって、これらの資本とは異なった、例えば新たなる改良された機械を採用して、生産力を増進することになると、その資本は、当然に超過利潤をうることになる。すでに述べてきたように、一般的にいえば、資本はそういう超過利潤を求めて生産方法の改善を進め、相対的剰余価値の生産をなすものといってよい。しかしこの超過利潤は、前章で述べた市場価値の一般的規定によるものとは稍々《しょうしょう》異なって、むしろ従来の方法による商品の市場価値に対する、この新たなる方法による商品の個別的価値の相違によるものである。もっともこういう場合には、マルクスも特別の剰余価値の生産についての例解で注意しているように(10)、その生産額を増加するこういう資本の出現は、その商品の価格を従来の市場価値よりも安く、しかしその新たなる方法による商品の個別的価値よりも高く売るということを余儀なくされるであろう。もちろん、この新たなる方法を採用する資本は、それでもなお幾何かの特別剰余価値としての、超過利潤をうることになる。しかしこういう新たなる方法を採用する資本が増加するにしたがって、価格は引下げられ、結局は新たなる方法による資本も超過利潤がえられなくなり、新たなる市場価値が決定されることになる。従来の方法による資本は、この過程の内でその利潤を一部分ずつ失うことになるのであって、新方法の採用を強制せられるわけである。しかし新しい方法を採用する資本のうる超過利潤は、この従来の方法による資本の失う利潤部分によるものではない。超過利潤そのものは、従来の市場価値とこの新方法による商品の個別的価値との差額に基づくのであるが、新方法による資本の増加するにしたがって、市場価値がこの新方法による個別価値に近づくものといってよいであろう。この過渡的期間がどの位つづくかは、従来の方法を採用する資本の新しい方法への転換の難易によるわけであって、比較的容易に従来の方法が新しい方法に転換されれば、新方法による資本の超過利潤をうる期間は短いことになる。新方法を採用する資本の出現が、直ちに新市場価値を形成しないで、超過利潤を与えられるというのは、いわば新方法の普及の資本家的方式を示すものといえるであろう。

(10)『資本論』第一巻第四篇第十章「相対的剰余価値の概念」を参照せられたい。なおマルクスは、この新方法による資本のもとに超過利潤としての特別の剰余価値を生産する労働を「例外的な生産力の労働」とし、「強められた労働《ポテンチールテ・アールバイト》として作用する、あるいは等しい時間内に同一種の社会的平均労働よりも高い価値を創造する」(同上〔イ〕三三三頁、〔岩〕(二)二四三頁)というのであるが、この「強められた労働」は、新方法の普及と共に「社会的平均労働」に還元されるのであって、その実体を明らかにするものとはいえない。むしろここに形成せられる特別の剰余価値は、市場価値規定による超過利潤としてあらわれるが、しかしそれは新方法の普及と共に消失する、いわば普及のために社会の支払う改良費用と解すべきものと、私は考えている。――といってもそれはかかる方法を発明し、発見するための費用というようなものではない。かかる費用は、一般に価値を形成するものとなるものではない。――それは例えば社会主義社会においても当然に認められなければならぬ費用として、資本家的商品経済では、一般的な超過利潤と異なって、価値としての実体的規定を与えられるものとなるのである。ただ資本家的には、直接社会的に旧方法の改良費としてではなく、むしろ逆に新方法を採用する資本の個別的にうる超過利潤とせられるということに、その特殊性があるわけである。

資本家的生産方法の発展は、一般的にいえばその生産方法を改善し、生産力の増進しつつ行われるものであるが、それはまた前にも明らかにしたように、マルクスのいわゆる資本の有機的構成を高度化することを条件とする。もちろん、資本量の増加と共に、絶対的には可変資本も増加し、資本によって動員される労働者数も増加するであろうが、しかし総資本に占める可変資本部分の比率は、低下せざるをえない。殊に生産力増進の基本的条件をなす固定資本部分の増加は、これを決定的にする。そこで剰余価値率を一定とすれば、当然のことであるが、総資本に対する剰余価値の比率としての一般的利潤率は低落することにならざるをえない。もちろん、生産方法の改善による生産力の増進は、直接、間接に、多かれ少かれ剰余価値率自身を高めることになるのであって、利潤率の低落は、その点では阻害されるであろう。また生産過程における技術的改良や流通過程における交通機関その他の発達も、資本の回転期間を短縮するものとして、利潤率を高めるものといってよい。しかしこれらはいずれも利潤率の低落をもたらす資本の有機的構成の高度化によって実現されるのである。根本的には、生産力の増進を実現する生産方法の発展が、マルクスのいわゆる資本の技術的構成の高度化をもたらすということによるのであるが、労働の生産力の増進が労働量に対する労働手段その他の生産手段の増加としてあらわれるということはいうまでもない。ただ生産力の増進自身が、生産手段の価値はもちろんのこと、労働力の価値を決定する生活資料の価値をも低下することになるため、この生産力の増進としての技術的構成の高度化が有機的構成の高度化として緩和されてあらわされるばかりでなく、この高度化による利潤率の低落は剰余価値率の増進によって多かれ少かれ阻害されるということにもなり、この低落は、マルクスのいうように、傾向的法則となってあらわれるのである(11)。もちろん、資本量の増加は、利潤率の低落にもかかわらず利潤量の増加を伴うのであって、これがために資本の蓄積が漸次に減退するということにはならない。しかし常により多くの価値の獲得と利潤率の上昇とを目標とする資本が、相対的剰余価値の生産を推進するその生産方法の改善と共に、商品の価値を益々低下し、利潤率を漸次に低落するということになるのである。それは一般に労働の生産力の増進の資本家的に特有なる表現といってよい。

(11)　労働の生産力の増進に伴う、不変資本と可変資本と剰余価値との三者の変動の数字的に抽象的な推論からいえば、必ずしも利潤率の低落をもたらすものとはいえないであろうが、問題は労働の生産力の増進が、単位労働量に対する生産手段の量の相対的増加となってあらわれるという、あらゆる社会に共通な、むしろ自明の原則が、資本主義社会でこういう特有な形であらわれるという点にある。労働によって新しく形成せられる価値生産物が、如何様に分割されるにしても——といっても一定の労働日の内労働者の生活資料の生産に要する労働時間は必要労働時間としてそう無制限に減少するものとするわけにはゆかないが——その全量が、不変資本に対比しては益々減少する可変資本部分によって充用される、相対的に益々減少する労働者によって生産されるのである。しかもこの不変資本部分では固定資本部分がその可変資本に対する増加の重要部分を占めることになるのであって、一般的には利潤率の低落の傾向を、労働の生産力の増進の資本家的な表現と考えてよいのである。なおマルクスは、労働賃銀の労働力の価値以下への低下とか、貿易関係とか、株式資本の増加とか、という、原理論では考慮すべきものではないものをあげて、利潤率の低落の法則に「反対に作用する諸原因」となしているのではあるが(『資本論』第三巻第三篇第十四章)、これは問題を反って不明瞭にするものと考えられる。

しかし資本家的生産方法の発展は、すでに前にも述べたように、その方法を不断に改善するものとして行われるわけではない。多かれ少かれ固定資本の存在するということは、それを許さないのである。そしてまたそれは単純に特別の剰余価値としての超過利潤を目標として行われるというのでもない。不況期の窮状を脱するために行う、いわゆる合理化として、資本は始めて旧来の固定資本を更新することになり、新たなる方法を採用するということになるのである。したがってそれはまた不断に相対的過剰人口を形成するものとしてではなく、不況期における生産の停滞に伴う過剰人口に対して、さらにこの過剰人口を加え、それを基礎にして好況期の蓄積を行うのであって、好況期にはむしろ生産方法の改善よりも、その拡張に重点がおかれる。事実、資本としては、生産の拡張と共に益々多くの生産手段と益々多くの生活資料とを生産するのであって、自ら生産することのできない労働力を過剰人口として与えられる限り、その拡張を制限するものはないわけである。いいかえれば同じ生産方法のもとに拡張をつづけるものといってよい。しかしそういう拡張はやがては必ず賃銀の騰貴によってその利潤の急激なる低落をもたらさずにはおかない。資本主義経済に必然的なる、周期的恐慌現象は、この利潤率の急激なる低落による資本の過剰を根本的原因とするのである。(12)賃銀の騰貴による利潤率の低落は、資本にとっては、蓄積による資本の増大にもかかわらず利潤量の増加を伴わないということにならざるをえないのであって、それはまさに資本の過剰をなすものとなる。(13)資本は、しかしこれで直ちに蓄積を停止するわけではない。個々の資本としてはむしろ反対に利潤率の低落をあらゆる手段による蓄積の増進によって補おうとするのであって、後に述べるように、この利潤率の低落に伴って生ずる利子率の昂騰によって恐慌による転換を強制せられる。もちろん、それは単なる産業部門間の不均衡によるものではない。産業部門間の均衡をもってしても労働人口の不足は補うことはできない。しかも資本は、この労働人口の不足を直ちに生産方法を改善し、その有機的構成を高度化することによって形成せられる相対的過剰人口をもって補足することもできないのである。資本は、かくて生産方法の改善をも恐慌によって強制せられて始めて行いうることになる。また恐慌のこの必然性は、たしかに労働者の消費力が資本主義的に制限せられていることを示すものではあるが、しかしそれは単に労働者の生活が常に最低限に留められているということを意味するものではない。好況期における賃銀の騰貴は、生活水準の向上をさえ許すものといってよいのであるが、(14)しかしその騰貴は、利潤率の低落による資本の過剰をもたらすものとして、資本家的に制限されているのである。もちろん、生産方法の改善による資本の有機的構成の高度化は、相対的過剰人口の形成によって、この賃銀の騰貴を制止しうるわけであるが、前にも述べたように固定資本の存在は、そう自由にかかる改善を行わしめないのである。すなわち恐慌に続く不況期における、資本家的生産過程の一般的停滞の内に、資本はようやく固定資本の更新期を迎えて、改善されたる方法による新たなる出発点を見出すことになる。もちろん、恐慌後の不況期における停滞は、商品の過剰と共に固定資本を含む、あらゆる資本の価値を多かれ少かれ破壊し、喪失せしめることになり、また労働者をも失業せしめ、賃銀の低落を見るわけであるが、しかしかかる一般的な価格の低落は、直ちに新たなる恢復をもたらすものではない。それはこの恐慌と不況の原因自身を除くものではないからである。かくていわゆる合理化による、新たなる方法の出現が、新たなる資本家対労働者の関係を展開し、生産力の新たなる発展を実現することになる。不況は好況に転換するわけである。要するに、資本による生産方法の改善は、固定資本の更新と相対的過剰人口の形成とを基礎とする景気循環の過程で断続的に行われるのである。

(12)　『資本論』は、その第三巻第十三章、第十四章で利潤率の傾向的低落の法則を説いた後に、第十五章で「この法則の内的矛盾の展開」として恐慌論の基本的規定をなすものとも考えられる諸規定を与えているのであるが、利潤率の低落の法則は、資本の有機的構成の高度化に伴って展開されるものであって、それ自身では恐慌の根源をなすような「内的矛盾」を有しているものとはいえない。したがってこの第十五章は、重要な規定を与えながら極めて理解に困難なるものとなっており、結局、恐慌論を展開しえないことになるのである。

(13)　『資本論』第三巻の第十五章の第三節は、「人口の過剰をともなう資本の過剰」として、恐慌現象の根本原因をなす資本の過剰を明らかにしようとしているのであるが、前註に述べたような理由から、それも十分なる展開を与えられなくなっている。マルクスは、資本の過剰についてまず次の如くにいっている。

「……個々の商品のではなく、資本の過剰生産は——といっても資本の過剰生産は常に商品の過剰生産を含んでいるのであるが——資本の過剰蓄積以外の何ものをも意味するものではない。この過剰蓄積が何であるかを理解するためには(それのもっと詳しい研究はもっと後で行なわれる)、これを絶対的なものと仮定してみるだけでよい。どんな場合に資本の過剰生産は絶対的なのであろうか。しかもあれこれの生産部面とかまたは二つ三つの重要な生産部面に及ぶのでなくその範囲そのものにおいて絶対的であるような、したがってすべての生産部面を包括するような過剰生産は。」(『資本論』第三巻〔イ〕二七九—八〇頁、〔岩〕(六)三九六頁)と。

そして続いて資本の過剰を次の如くに規定している。

「資本主義的生産の目的のための追加資本がゼロとなれば、資本の絶対的な過剰生産があるわけであろう。しかし資本主義的生産の目的は、資本の価値増殖である。すなわち剰余労働の取得であり、剰余価値、利潤の生産である。だから労働者人口に比べて資本が増大しすぎて、この人口が供給する絶対的労働時間も延長できないし、相対的剰余労働時間も拡張できないようになれば、……つまり増大した資本が、増大する前と同じか、またはそれよりも少い剰余価値しか生産しなくなれば、そこに資本の絶対的過剰生産が起きるであろう。すなわち増大した資本C＋ΔCは、資本CがΔCだけ増大する前に生産したよりも多くない利潤を、またはそれよりも少ない利潤をさえ生産するであろう。どちらの場合にも一般的利潤率のひどい突然の低下が起きるであろうが、しかし今度は、低下をひき起す資本構成の変動は、生産力の発展によるものではなく、可変資本の貨幣価値の増大(賃銀の上昇による)と、これに対応する必要労働にたいする剰余労働の割合の減少とによるものであろう。」(同上〔イ〕二八〇頁、〔岩〕(六)三九六―七頁)と。

いうまでもなくここで規定されている資本の過剰は、「利潤率の傾向的低落の法則」の「内的矛盾」の展開としてではなく、「労働者人口に比べて資本が増大しすぎた」ものとしての過剰である。資本の生産方法が、不断に改善されるものとすれば、あるいはまたこういう場合にあって改善されるものとすれば、それによって生ずる相対的過剰人口は、こういう資本の過剰をひき起すことなく、利潤率を一般的に低落せしめることになるものといってもよいであろう。いいかえればこの過剰は、かかる一般的法則によるものではなく、労働力自身の商品化を基礎とする資本家的生産方法の内的矛盾の展開によるものとしなければならないのである。

なおマルクスは、続いてこの資本の過剰が資本家的に解決される過程についても種々述べているが、しかしそれはこの資本家的生産方法の矛盾が現実的に解決されて、新しく循環過程を展開する点を明確に規定しているとはいえない。現に、この資本の過剰は、直ちに「資本の一部分は、全部かまたは部分的に遊休し、……また他の部分は、遊休または半遊休資本の圧迫によって以前よりも低い利潤率で増殖されるであろう。……」(同上)というようにして処理されるかの如くにいうのであるが、個々の資本は、かかる過剰を自らの資本の遊休によって処理しうるものではない。むしろ反対にあらゆる手段をもって利潤量の減少をふせごうとし、反って逆に過剰を増大するのである。それは本文でも述べたように、利子率の昂騰によって始めて資本家社会的規制を受けることになる。そこに恐慌の勃発を見るわけである。

(14)　いうまでもなく資本主義の下では、労働者は労働力の商品化によってその生活を維持しうることになっているのであるが、労働力商品の価格は、その価値によって規定せられるにしても、直接に労働によって生産されるものではないので、労働賃銀で購入せられ、労働者の生活を維持し、労働力を再生産するのに必要な生活資料の価値によって決定されるということになる。ところがこの生活資料なるものが、種々なる程度の生活水準によって異なるのであって、それはマルクスのいわゆる歴史的産物といってもよいであろうが(『資本論』第一巻〔イ〕一七九頁、〔岩〕(一)二九八頁)、しかしその歴史的規定自身は資本主義の発展過程自身の内で決定されるものとしなければならない。結局、好況期の賃銀によって決定される生活水準が一般的に要求されるものといってよいであろう。したがってまたそれは資本家的蓄積と共に向上の余地を与えられている。しかも一定の資本家的制限の内にあるわけである。

かくて資本家的生産方法の改善による資本の有機的構成の高度化は、資本主義の発展過程において不断に行われるとはいえないわけで、利潤率の低落の傾向も、各循環過程における好況期のいわば中位的水準をもってあらわれるものとしなければならない。もっとも好況期の生産拡張が行われる時期には生産方法の改善は全く行われないというのではない(15)。また不況期の合理化としての生産方法の改善もあらゆる産業に一様に行われるというのではない。資本としては、好況期のように益々多くの利潤のえられる時期には、多かれ少かれ固定資本を犠牲にしてまで生産方法の改善による利益を求めるより、已存の方法による生産の拡張を求めることになるのが当然といってよいであろう。また自己の産業でなくても、重要な産業に生産方法の改善があれば、新たなる出発点を与えられるものとしてよい。なおまた十年周期の循環が十九世紀前半のイギリスに見られたということは、固定資本の更新と重要な関連を有するものといえるのではないかと考えるが、固定資本の更新期が十年と決っているわけではない。また実際不況期の競争は、更新期にない固定資本をも改変せしめるものといってよいであろう。それは兎も角、資本主義は一定周期の景気循環を繰り返す過程の内にその発展をなすのであって、一般利潤率もまたこの景気循環過程に伴って変動しつつ低落する傾向にあるものとしなければならない。したがってまた利潤率均等化の法則も、一定の時期に生産せられた剰余価値が総資本の間に均等に分配せられるというように、いわば静態的に理解されてはならない。実際上は超過利潤を残すにしても、それは資本の競争によって解消されるべきものとして、また各産業部門間の利潤率の相違も、循環過程の種々異なる事情の下に蓄積の伸展と共に均等化されるものとして、法則は貫徹されるものとしなければならない。かくて価格の変動を通して価値法則を貫徹せしめる商品経済は、資本家的商品経済としては、価値に代わる生産価格を中心に動く価格の変動を通してあらわれる利潤率均等化の法則と、さらにまた景気循環過程を通してあらわれる利潤率の傾向的低落の法則との展開の内に、その経済過程の資本家社会的規制を実現するものといってよい。

(15)　恐慌を伴う景気循環の過程も、原理論的に明らかにされなければ、その必然性をいうわけにはゆかないが、実際上は常に不純の要素と共にあらわれるのであって、その抽象的規定は極めて困難である。しかも理論的規定の基礎となるような周期性を確実に示した循環過程は、十九世紀二十年代から六十年代までの間に五回繰り返されたにすぎない。したがって単にこれらの実際の過程をとって抽象するというだけでは、その基本的規定は与えられないのであって、原理論の諸規定の関連の内にその抽象的規定を与えるほかはない。好況期における生産方法の改善もその点から考慮されなければならない。なお最近の資本主義のように、また我が国のような後進国では最初からそうであるが、株式会社制度が産業に普及すると、生産方法の改善は比較的に容易に、またその時期をえらばず行われるということも注意しなければならない。新しい方法の採用は、新しい会社で行われるからである。しかしそれにしても不況期の合理化として行われるということが全然見られなくなるというわけではない。一般に最近の資本主義の発展は、原理論で規定されるものを基準にして解明せらるべき、いわば不純の状態をなすものであって、株式会社の産業における普及も、したがってまたその下で行われる生産方法の改善も、私のいわゆる段階論的規定の内に解明されるものと考えるのである。

第二章　地　代

資本は、前にも述べたように、土地によって代表せられる、制限せられ、独占せられうる自然力を生産手段として利用せられうるものとして、直接の生産者たる労働者から分離することによって、これを無産労働者となし、労働力の商品化の基礎を確立してきたのであるが、しかしかかる自然力は、元来、労働の生産物ではなく、したがってまた一般に資本となりえないものとして、当然に資本家に対しても、他の何人かの所有物として対立するものとなるのであった(1)。資本家もまたかかる自然力を生産手段として利用しようとする限り、その所有者から借入れなければならないことになる。しかしこの関係は、資本家と労働者との基本的関係の前提をなすものではあるが、この基本的関係自身を決定するものではない。むしろそれによってその内容を規定され、その資本に対する関係をも確立することになるのである(2)。

(1)　マルクスは、「私的土地所有に関するヘーゲルの展開よりも滑稽なものはありえない」として、次のようにいっている。「人格としての人間は、外的自然の精神としての自己の意志に現実性を与えねばならず、したがってこの自然を自己の私的所有として占有せねばならない。これが『der Person』、人格としての人間の規定だとすれば、人間はいずれも、みずからを人格として現実化するためには土地所有者でなければならない、ということになるであろう。土地の自由な私的所有――きわめて近代的な産物――は、ヘーゲルによれば、一定の社会的関係ではなくて、人格としての人間が『自然』に対する一関係であり、『いっさいの物に対する人間の絶対的取得権』である。さしあたり明らかなことであるが、個々の人格は、自分の『意志』によっては、やはり地球の同じ切れはしにおいて体化されることを欲する他人の意志に対して、自己を所有者として主張し得ないということである。そのためには、善き意志とは全く異なる諸物が必要である。さらに『人格』は、その意志の実現の限界をどことするか、その意志の定有は一国土の全体において実現されるか、どうか、或いは『物に対する我が意志の至上権を表明する』ために一群の諸国土の取得を必要とするか、どうかは、絶対にわからない。ここでヘーゲルは実際また完全に挫折する。……」(『資本論』第三巻(イ)六六四頁、(岩)(八)一一――二頁)と。しかしこの土地所有の問題は、マルクスのいわゆる「自己の労働に基づく個人的私有」についても当然にその前提をなすものとして考慮されなければならないであろう。資本主義が、土地と直接の生産者との分離を前提とするということは、単に資本家的取得法則を確立するというだけでなく、商品経済的私有制をも社会的体制として基礎づけるものとなるのである。労働は、直接、間接に土地を対象としてなされなければならないからである。もちろん、ここでも資本家的商品経済自身がその私有制の基礎前提をなすものとして、土地私有を要請するのである。

(2)「資本主義的生産様式がその開始にあたって当面する土地所有形態は、この生産様式に適応してはいない。それに適応する形態は、それ自身によって、農業を資本のもとに従属させることによって初めて作り出される。」(同上(イ)六六五頁、(岩)(八)一〇頁)といってよいのであるが、我が国のように後れて資本主義化した諸国においては、直接に「農業を資本のもとに従属させる」ことなくして、資本主義は高度の発展をなしうることになったのであって、資本家的土地私有制が完全に展開されるということはなかった。商品経済的に形式的な私有制の確立をもって十分とせられたのである。しかし地代法則自身は、「農業を資本のもとに従属させる」資本家的土地私有を前提として始めて理論的に規定される。我が国のような場合には、かかる原理をそのままに適用することはできない。原理的規定を基準として分析、解明されなければならないわけである。

事実、資本は、土地によって代表される、制限せられ、独占せられうる自然力を生産手段として利用する場合、資本家同士の間では処理しえない超過利潤の発生を見ることになるのであって、まずその処理のためにその生産様式に適応した土地所有を要請することになる。例えば一般に動力として蒸気力が利用せられている場合に、自然の落流が蒸気力利用よりヨリ有利なものとして利用せられるとすれば、同じ自然力でありながら蒸気力は資本が自由に利用しうるのに対して、落流は制限せられていて自由に利用せられないために、落流の利用によって得られる超過利潤は、地代としていわば資本の運動の外部に供出せられざるをえない。今、蒸気力工場の生産物が一〇〇の費用価格で生産され、一一五の生産価格で販売されるとすれば、――問題を無用に複雑にしないために費用価格をそのままに全資本とすると――利潤一五は、一五%の利潤率によるものとなる。これに対して落流利用の資本が九〇の費用価格を要するにすぎないとすれば、その工場の個別的生産価格は、一〇三・五$(90 \times 1\frac{15}{100} = 103.5)$となる。そこでこれが蒸気力工場の生産物と同様に一一五の価格で販売されれば、一一・五の超過利潤をうることになるが、資本としては、これは資本自身のうる超過利潤となすわけにはゆかない。またこれを落流の利用に対して地代として支払うとしても、九〇の費用価格に対して一三・五の平均利潤がえられるわけである。もちろん、蒸気力利用の工場のあるものが、その機械の改良によって費用価格を九〇に低下することになったとすると、この工場も一一・五の超過利潤をうることになるが、この場合にはそれは地代化されることにはならない。資本のうる特別の剰余価値としての超過利潤となる。そして他の蒸気力工場にもこの改良を普及せしめる資本家的動力となるのであるが、かかる改良の普及と共に、生産価格は――一般利潤率に変化がないとすると――一〇三・五に低下し、平均利潤はえられるにしても超過利潤はえられなくなる。落流もまた地代を支払って利用せられるというものではなくなってくるわけである。(3) これに対して農業その他において利用せられる土地となると、資本の生産物たる生産手段の改良によって排除せられることのない自然力によって超過利潤を形成することになり、それは地代として固定される。資本としての生産手段の改良による超過利潤が、いわば生産手段の改良のために社会的に必要とせられる費用として、資本家的商品経済としては価値を形成するものとせられるのに対して、こういう地代化される超過利潤は——落流の場合をも含めて——何等かかる社会的役割を有するものではなく、ただ商品経済における市場価値規定に基づく、いわば単なる形態的なる、いいかえれば実体的基礎のない特殊の超過利潤として、マルクスのいわゆる虚偽の社会的価値をなすものとなる。(4) それは土地自身が資本としての生産手段と異なって労働の生産物でないという根本的事実によることである。

(3)　『資本論』にならって、ここでも落流の例をとったが、これは実際は単に動力をなすものにすぎないので、これに対するものとしても蒸気力工場というように、特定の生産をなすものでないことになり、不自然なることを免れないが、この超過利潤の特別の剰余価値としての超過利潤との相違を示すためにすぎないものとして理解して貰いたい。

(4)　マルクスは、地代に転化される超過利潤について「これは資本主義的生産様式の基礎の上で競争を介して貫徹される市場価値による規定である。この規定は、一の虚偽の社会的価値を生み出す。このことは、土地生産物がそのもとに置かれるところの市場価値の法則から出てくることである。諸生産物の、したがってまた土地生産物の、市場価値の規定は、一の社会的行為――それは社会的に無意識的に、かつ無意図的に遂行されるものではあるが、必然的に生産物の交換価値に基づくものであって、土地にも、その豊度の差にも基づくものではない。」(『資本論』第三巻〔イ〕七一一頁、〔岩〕(八)八二頁)といって、それが一般的な市場価値によるものであることを明らかにした後に、直ちに続いて「社会の資本主義的形態が止揚されて、社会が意識的な、かつ計画的な協力体として組織されると考えれば、」そこでは、こういう超過利潤のように、「現実の労働時間」以上の労働時間を表わすものとしては認められないであろう、といっている。「それゆえ――現在の生産様式は維持されるが、差額地代は国家に帰属するものと前提して――他の諸事情が不変ならば、土地生産物の価格は同じままであろう、というのは正しいとしても、協力体をもって資本主義的生産に代えても、諸生産物の価値は同じままであろう、というのは間違いである。同種の商品について市場価格が同一であるということは、資本主義的生産様式及び一般に個々人相互間の商品交換に基づく生産の基礎の上で、価値の社会的性格が貫徹される仕方である。消費者としてみられた社会が、土地生産物に過多に支払うところのもの――それは土地生産における労働時間の実現の一マイナスをなすことになるのであるが――それが今や社会の一部にとって、土地所有者にとってプラスをなすのである。」(同上〔イ〕七一二頁)という。一般的にいって市場価値規定による超過利潤は、他の社会では、例えば社会主義社会ではそれに相等するものを認められない、「資本主義的生産様式及び一般に個々人相互間の商品交換に基づく」社会に特有なるものとしなければならない。したがってこれに対して、生産方法の改良に基づく特別の剰余価値としての超過利潤は、前にも述べたように、あらゆる社会に認められる改良費として、社会的実体を有するものとして、区別しなければならない。ただ資本家的商品経済では、それが一般的な市場価値規定のもとに個人的な特別の利潤とせられるという点に、商品経済に特有なるものがあらわれている。そしてそれがまた資本主義に特徴的な、生産方法の改善の動機をなすものであることも、すでに述べた通りである。

例えば農業に利用せられる土地がA、B、C、Dと質を異にし、その一定面積、例えば一エーカーに同一額の資本五〇志《シリング》を投じてえられる小麦(5)の生産額が、それぞれ一〇、一五、二〇、二五ブッセルと異なるものとする。いま一ブッセルを六志に販売されるものとし、Aの生産額一〇ブッセルを販売して資本のうち一〇志の利潤が平均利潤をなすものとすれば、B、C、Dはそれぞれ三〇、六〇、九〇志の超過利潤をうるわけであるが、これは当然に地代化されることになる。それ

耕地	生産物		資本	利潤	地代化される超過利潤
	ブッセル	志	志	志	志
A	10	60	50	10	0
B	15	90	50	40	30
C	20	120	50	70	60
D	25	150	50	100	90
計	70	420	200	220	180

耕地	生産物		資本	利潤	地代化される超過利潤
	ブッセル	志	志	志	志
B	15	60	50	10	0
C	20	80	50	30	20
D	25	100	50	50	40
計	60	240	150	90	60

は前頁のように表示することができるであろう。もちろん社会的にはこれらの種々なる土地が、種々なる割合でもって利用せられ、その全生産額が最劣等地Aの生産価格で販売されうるものとしてB、C、D等にそれぞれその利用面積に応じた地代を生ずることになるわけである。生産物に対する——ここでは小麦であるが——需要の変化が、例えばA種の土地を利用する資本に平均利潤を与えないような価格をもたらし、その生産物なくしても需要が充足されるということになれば、B地の資本の生産価格四志が市場調節的生産価格となる。したがってC、Dにおいて地代化される超過利潤は、二〇、四〇に減少することにもなる。(6) あるいはまた生産方法が改良されてA、B、C、Dに新たなる差等関係を生ずるということもあるであろう。いずれにしろ同一額の資本が投ぜられて異なった生産額を生ずる種々なる土地が利用せられる限り、資本はその超過利潤を地代に転化して、その平均利潤の原理を貫徹せしめることになるのである。

(5) マルクスにならって、資本は土地に投ぜられて小麦を生産するものとするが、この点についてマルクスは次のようにいっている。「他の農業生産物、たとえば亜麻、染料植物の生産や独立の飼畜等に充用される資本の地代が、いかに主要食糧の生産に投ぜられた資本のもたらす地代によって規定されているか、これを展開したのはアダム・スミスの大きな功績の一つである。云々」(『資本論』第三巻〔イ〕六六三頁、〔岩〕(八)八―九頁)

(6)　別に表示するまでもないであろうが、この関係は右のようになるであろう。

種々なる質を異にする土地の間の差異に基づく超過利潤の地代化に対して、同一種類の土地も、これに対する投下資本額の異なるにしたがって、例えば最初の投資と次の投資というように、一定量の資本による生産額が異なり、その間に超過利潤を生ずることになれば、それもまた地代化されることになる。マルクスは前者を差額第一形態とし、後者をその第二形態として区別するのである。もちろん、実際には両者は常に一体をなして支払われるわけであるが、前者がいわば横に同時的に比較せられた差異であるのに対して、後者は縦に資本の蓄積とともに変化するものとしての相違である。すなわち例えば第一形態におけるA、B、C、Dの各一エーカーに対する五〇志の資本の投下によって七〇ブッセルの小麦を生産したのに対して、最優良地Dに対する二〇〇志の資本の投下が、最初の五〇志によって二五ブッセル、第二、第三、第四の五〇志の資本投下によって、それぞれ二〇、一五、一〇ブッセルの小麦を生産するものとすれば、D地を利用する資本は、最後の五〇志の投資によって一〇志の平均利潤をうるのに対して、第一乃

	耕地Dにおける投資	資本	生産額		利潤	超過利潤
		志	ブッセル	志	志	志
(1)	I	50	25	150	100	90
	II	50	20	120	70	60
	III	50	15	90	40	30
	IV	50	10	60	10	0
		200	70	420	220	180
(2)	I	50	25	300	250	240
	II	50	20	240	190	180
	III	50	15	180	130	120
	IV	50	10	120	70	60
	V	50	5	60	10	0
		250	75	900	650	600
(3)	I	50	25	100	50	40
	II	50	20	80	30	20
	III	50	15	60	10	0
		150	60	240	90	60

至第三の投資はそれぞれ一〇〇志、七〇志、四〇志の利潤をえ、超過利潤九〇＋六〇＋三〇、即ち一八〇志を地代化せざるをえなくなる。この関係は、いうまでもなく一ブッセル六志を前提とするものであって、D地にさらに五〇志の第五次投資が行われて五ブッセルを生産し、一ブッセル一二志に販売しえて一〇志の平均利潤をあげうることになると、五〇志を投じて一〇ブッセルを生産する第四次投資と共に先の最劣等地Aにも地代に転化される超過利潤六〇志を生ずることになる。もちろん、D地の第一次乃至第三次投資も二四〇、一八〇、一二〇志の超過利潤を地代化することになる。これに反してD地による第三次投資による一ブッセル四志の生産価格をもってする生産によって社会的

需要が充足されるようなことになれば、D地の地代が六〇志に減ずると共に、A地は耕作圏外におかれ、B地の資本も地代化すべき超過利潤をあげえないことになるであろう。(7)

(7)　これも別に表示する必要はないかと思うが、上述の場合を順次に表示すると、右の如くになる。

以上、差額地代について図式的に述べてきたのであるが、そしてそれによってその基本的なる規定は明らかとなったと思うのであるが、しかしこの差額地代第一形態の図式においては、資本がまず優良地Dを選択して利用し、需要の増大がヨリ劣等なる土地C、B、Aの利用をやむをえざるものとするところから地代化される超過利潤も生ずるかのように解されることを避けるわけにはゆかない。しかしかかる超過利潤の地代化自身は、決してかかるいわゆる下向序列によるものではない。たしかに優良地が制限されているということが、その前提にはなるが、それだけではなく、制限された土地が、資本によって利用せられる際に生ずる超過利潤が、資本としては処分しえないものとして地代化されるのである。(8)また差額地代第二形態については、一定面積の土地に対する資本投下額の増加にしたがってその生産額が減じてゆくという、いわゆる収穫逓減の法則によるものであるかのようにも考えられるのであるが、これも正しくはない。いかにも土地を主要な生産手段とする農業では、資本はその投下を土地自身によって制約されている。

しかしそのことは資本投下量の増加が必ず収穫を逓減するということにはならない。問題は、資本投下に対する土地の制約が、土地所有としての制限として資本に対抗する点にある。一般に資本の蓄積は、土地生産物に対する需要を増加し、土地を主たる生産手段とする資本もその蓄積を増進することになるのであるが、その場合、屢々価格の騰貴によって誘導されて資本の投下を増大しようとしても、借地関係の如何によって、それは促進されることにもなれば、また阻害されることにもなる。さらにまた強制せられることにもなる。従来の地代契約のもとでは、新たにえられる超過利潤はそのまま資本の利潤に加えられることにもなるが、それは契約更新と共に地代化される。それと同時にかかる資本投下の増加は一般化されることにならざるをえない。しかしまた同種の土地にしても、契約更新の時期を異にし、ある期間は屢々異なった地代を生ずることにもなる。原則として追加投資が従来の投資と一体化されないで、地代化される超過利潤を形成することになるというのも、全くかかる借地関係によるものにほかならない(9)。いずれにしろ資本主義の発展と共に、資本の蓄積と借地の拡大とによって地代は、一般的にいって、増加することになるが、それは必ずしも益々劣等なる耕地が利用せられるということによるものでもなければ、またいわゆる土地収穫逓減の法則によるものともいえない。技術的発展は、土地の生産性を高めつつ、その差等にも変動をもたらすことになるが、土地所有がその間にあって新たに形成される超過利潤はこれを地代化せしめるわけである。それはまた農業における技術的発展を多かれ少かれ阻害することにもなるのである。

（8）　この点については、大内力、*日高普**の両教授による下向序列を主張する批評があるが、下向序列を必然的とすることは、最初に資本の投ぜられる優良地の選択利用を資本が自由になしうるという想定によるものである。いかにも資本家的商品経済の展開にとっては、今までのところ、土地によって代表される、制限せられ、独占せられうる自然力は、生産手段として利用せられうるにしても、これを問題にしないできたのであった。それは資本と労働との、資本主義社会の基本的関係には直接に関係しないこととしてそうしてよかったし、またそうしなければならなかったのである。そしてそれは直接の生産者たる農民の土地からの分離による資本主義社会の成立という歴史的事実に基づいて、理論的には労働力の商品化による資本の生産過程の把握として展開されるのであるが、土地を主要な生産手段とするという場合に、そのまま資本が自由に土地を利用しうるということになるわけではない。その超過利潤の地代化は、資本家的土地所有を規定することにはなるが、土地所有そのものを成立せしめるものではない。前に引用したマルクスの言葉にもあるように、「資本主義的生産様式がその開始にあたって当面する土地所有形態は、この生産様式に適応してはいない。それに適応する形態は、それ自身によって、農業を資本のもとに従属させることによって初めて作り出される」のであるが、それは土地が資本に自由に利用せられる状態から出るというのではない。もちろん、理論はそういう歴史的事実をそのままとって、それにたよって展開されるというのではないが、資本の生産過程の把握自身が、土地所有を資本の外に前提し、資本はただそれに適応した所有形態を要求し、それが「農業を資本のもとに従属させることによって初めて作り出される」ことを明らかにするのである。差額地代第一形態は、いわばその第一規定をなすものにほかならない。旧著『経済原論』は、『資本論』にならって下向、上向を問わないことを強調したのであるが、それでは反ってこの点を不明確にすることになるとも考えられる。

* 大内力『地代と土地所有』(一九五八年　東京大学出版会)

** 日高普『地代論研究』(一九六二年　時潮社)

(9)　この点についても大内、日高両教授の批評がある。またこの問題でも旧著『経済原論』は、たしかに不明確な点が少くない。要点は、しかし第一形態が、資本の利用する土地の間の差異に基づく、いわば横の関係による規定であるのに対して、第二形態は、資本の蓄積の増進する過程の内に形成せられる超過利潤の地代化として、土地所有によって種々なる制限を受けるということにある。したがって後者にあっては単に結果として見れば、不合理と考えられるような関係をも時には展開する。例えば、同じ種類の土地に対しても、借地関係の如何によっては、資本の投下が異なって行われ、したがって異なった地代を生ずるということにもなる。資本の追加投資の効果如何というだけでなく、土地所有の制約がそれに加わってくるのである。

結局、これらの問題は、原理論では土地所有がその資本家的形態を展開する過程を如何にして理論化するかということに帰着する。それは資本主義社会における土地所有者の地位、性格を一般的に規定するものとなるわけである。差額地代第一形態が資本の側からの超過利潤の地代化として土地所有の資本家的規定の第一歩をなすのに対して、第二形態はかかる土地所有形態の資本の蓄積に対する、いわば消極的制約を明らかにし、次に述べる絶対地代は、その資本に対する積極的制限を示すことになる。このようにして絶対的地代を最後に展開するという点に、資本主義社会における土地所有者の地位が与えられる。資本は土地所有自身を作り出すものではないが、しかし自己の再生産過程に適応した形態を要請するものとして、原理論でもこういう展開を示すことになるのである。

しかし土地によって代表せられる特殊なる自然力に対する資本の関係は、以上述べてきたような、いわば外部的なる、消極的なるものに留まるものではない。元々、資本はその原始的蓄積の過程において、直接の生産者たる農民から土地を分離することによって自ら生産過程を把握する根拠をえたのであるが、それと同時に土地を自分自身にも対立するものとしたのである。それは労働生産物ではなく、したがってまた資本とはなりえないものであるというだけでなく、自然力としても制限せられ、独占せられうるものとして、資本にも自由に使用しえない生産手段をなすものであって、資本は、地代に転化すべき超過利潤を形成するか、否かにかかわらず、何らかの地代を支払うことなくしては、土地に資本を投じえない関係にあるのである。マルクスのいわゆる絶対地代が支払われるわけである。もちろん、それは資本に対する土地の土地所有者による独占的所有に基づくものであるが、しかしそれはマルクスもいっているように、例えば極めて上質の葡萄を産する葡萄園の地代のように、その生産物の独占的価格に基づく超過利潤によるものではない。一般的にあらゆる土地が資本に対して要求しうる地代としての絶対地代である。しかしまたそれは資本主義的生産方法に対して、例えば未利用の土地はもはや全く存在しないとか、あるいはまた土地所有が集中されて、土地所有者の欲するままの地代として課せられるとか、というような独占地代をなすというものでもない。土地所有者も資本家に貸与して資本を投下せしめなければ、何等の地代も得られないのであって、一定の限度をもった地代をもって貸付られることになるのである。(10)

(10)　原理論でどういう土地所有状況が想定されなければならないかは問題であるが、資本主義の発展のためには、剰余価値の分与も一定の限度を有するものでなければならない。例えば未利用の土地が多かれ少かれ存在するということが、その限度をなすということは殆んど絶対的といってよいであろう。マルクスは、その点について逆の面からではあるが、次のように述べている。「土地に対する単なる法律上の所有は、所有者のために何等の地代をも作り出すものではない。しかしそれは、土地が本来の農業に使用せられるにせよ、建物のような他の生産目的に使用せられるにせよ、所有者に一の超過分をもたらすような土地の価値増殖的使用を経済的事情が許すまでは自分の土地の利用を拒むという力を、所有者に与える。彼は、この就業面積の絶対量を増減させることはできないが、市場にあるその量は増減させることができる。それゆえに、すでにフーリエの指摘したように、すべての文明国において土地の比較的大きな一部分が常に耕作を拒まれたままであるということが、一の特徴的事実となっているのである。」（『資本論』第三巻〔イ〕八〇六頁、〔岩〕(八)二四二―三頁）

元来、土地を主要な生産手段とする農業においては、資本の蓄積による労働手段の改善も多かれ少かれこの自然としての土地によって制限せられている。特にその回収に長期を要する固定資本となると、その投下を阻害される。土地自身の改良のために投ぜられる、マルクスのいわゆる土地資本も、その効果は屢々土地所有者自身のうるところとなるのであって、制限せられざるをえない。かくて一般に農業における資本の有機的構成は、社会的平均以下にあるものとして、たといそれに回転期間の長さによって相殺されるにしても、その生産物の生産価格は価値以下にあるものと想定してよいのである。即ち土地所有は、この価値と生産価格との差額部分に対しては、独占地代と区別せられる絶対地代をあらゆる土地に対して要求しうることになる。いいかえれば資本は、その生産物に対象化された剰余価値部分を利潤として他の資本と平均的に分配することを、土地所有によって阻止され、これを地代化するのである。もちろん、この場合は生産物の価格は、生産価格以上に騰貴するわけであって、差額地代が一定の生産価格を前提とするのと全く異なった関係を展開する。差額地代が資本の競争によっては処理しえない土地生産力の差による超過利潤の地代化としての解決をなすのに対して、絶対地代は土地所有自身が資本の競争による価値の生産価格化を、ある程度制限するところに発生するのである。もっとも土地所有がこの地代によって如何なる程度にその価格を騰貴せしめるかは、市場の状況によることであって、土地所有自身の側には何等の基準もない。ただそれは土地所有の側の貸付の競争が、土地生産物に対象化された剰余価値部分の平均利潤への均等化をどの程度阻止するかということにかかってくる。(11)もちろん、この地代は、生産物の価格の生産価格以上への騰貴によるものであって、当然に優良地の差額地代を増加するものとしてあらわれる。なお差額地代にしろ、絶対地代にしろ、借地料として一体をなして資本家から土地所有者に支払われるものであることは、いうまでもない。

(11)　この点についても大内、日高両教授の反対説があるが、これはまた事実問題にかかるものであって、利潤率の傾向的低落の法則と同様に、単なる論理をもって決定しえられるものではない。ただ農産物その他土地に代表される、制限せられ、独占されうる自然力を主要な生産手段とする産業にあっては、その生産物の生産価格が価値以下であって、資本は、絶対地代をこの差額によって支払うことができるということが、土地所有の資本家的に正常な形態をなすものと考えられるのである。したがって事情によっては、その価格の価値以上への騰貴による地代としての独占地代の成立もありうるものとしなければならない。マルクスはこの点について次のようにいっている。

「土地所有は、土地生産物の価格をその生産価格を超えて昂騰させうるとはいえ、市場価格がどこまで生産価格を超えて価値に近づくかは、したがってまた与えられた平均利潤への剰余価値の一般的均等化に参加するかは、土地所有に懸るのではなく、一般的市場状態に懸る。いずれにせよ、この絶対的な、生産価格を超える価値の超過分から生ずる地代は、単に、農業剰余価値の一部分、この剰余価値の地代への転化、土地所有者によるその奪取であるにすぎない。それは丁度、差額地代が、一般的調節的生産価格のもとで、超過利潤の地代への転化、土地所有によるその奪取から生ずるのと同様である。地代のこの両形態は、唯一の正常なるものである。これらのほかでは、地代は本来の独占価格に基づく以外にはないが、その独占価格となると、商品の生産価格によっても、また価値によっても規定されず、買手の欲望と支払能力とによって規定されるのであって、その考察は、市場価格の現実的運動を研究する競争論に属するのである。」(『資本論』第三巻〔イ〕八一三—四頁、〔岩〕(八)二五三頁)と。ここでマルクスのいう「競争論」なるものが如何なるものであるかは、私にはわからないが、そういう独占価格に基づく地代が原理的に明らかにしえないことは当然である。なおマルクスは、『資本論』で時々こういう留保をしているが、「市場価格の現実的運動」が如何なる形で研究されるかは不明である。私自身は、そういう研究は、むしろ原理論と段階論とを前提とする現状分析としてなされるべきものと考えている。そういう「現実的運動」が何か原理と同じように解明されるかの如くに解することは、段階論はもちろんのこと、原理論自身をも不明瞭ならしめるにすぎないであろう。

絶対地代が、以上述べてきたように、資本の利潤に対する、いわば積極的削減をなすものであるということは、資本主義社会において屢々土地国有論を発生せしめることになった根本原因をなすものと考えられるが、しかし土地国有も決してこの地代を排除しうるものではない(12)。実際また資本家的商品経済は、すでに屢々述べてきたように、土地私有を自己の前提条件とするのである。しかもそれは単に直接の生産者をして無産労働者たらしめるという歴史的前提をなすというだけでなく、資本主義経済でその全面的展開を見る私有制そのものの当然に要請するものなのである。労働によって獲得される生産物も、土地によって代表される、この自然を一般的基礎とするものであって、労働生産物の私有制もこの制限せられ、独占せられうる自然力の私有を前提とせざるをえない。ところがこの土地によって代表せられる自然力は、それ自体には私有の根拠を有さないのであって、資本によってその生産方法に直接、あるいは間接に適応するものとして始めてその私有制を一般的に社会的に認められることになる。地代はその特殊の経済的形態にほかならない。またそれと同時に一定の所得を定期的に生ずるものとして、土地自身商品化され、売買されることにもなるのであるが、これはまた資本家的生産方法の内に、次章に述べるように、それ自身に利子を生むものとしての資本の発生による資本の商品化が行われ、それによってその根拠を与えられることになるのである。

(12)　国家が地代を差額地代として徴収するとしても、市場の状況によって変動しうる絶対地代と、それに基づく優良地の差額地代の変動とに対して商品経済的に適応しうるものではない。大内力教授の指摘しているように、必ず「転貸」の問題を生じ、「事実上私有地化することになる。」*もっとも大内教授のあげられる理由は、ここでいうような簡単なものではなく、教授の差額地代論、絶対地代論に基づくものではあるが、その点はここでは問題でない。資本主義社会の土地国有は、実際上は「転貸」の問題を一つとって考えても行われえないものとしてよいのである。

＊　前掲書二一五頁。

剰余価値の地代化の関係は、しかし以上述べたように、いわゆる土地の豊度としての差等にのみよるものではない。生産物の市場への距離としての位置の差等としても展開される。しかも両者は競合する場合が少くない。またある程度相殺することもある。さらにまた農業地代でなく、鉱山地代、建築地地代としても基本的には同様の関係が見られるのであるが、経済原論としては以上の如き基本的規定を与えうるにすぎない。

第三章　利　子

利子付資本G……G′の形式は、すでに第一篇第三章でも述べたように、いわゆる金貸資本的形式として、G―W―G′の商人資本的形式と共に、資本主義に先だつ諸社会においても、商品経済のある程度の発展と共にその出現を見るのであるが、これらはいずれもその価値増殖の根拠を社会的実体としての労働生産過程自身に有するものとはいえなかった。それらの諸社会に対していわば外部から蚕食するものとして資本としての価値増殖をなすものにすぎなかった。しかし資本形式としては資本価値の自己増殖を示すものとして、貨幣が資本に転化し、生産過程を把握して、資本家的生産方法を確立する産業資本への発展の前提をなすと共に、その要素をなすものでもあった。ところが産業資本は、実際また、その流通過程に附随する、自らは不経済とする流通費用をこの資本形式をもって、いわば資本家社会的に節約することになるのであって、この形式にもその価値増殖の合理的根拠を与えることになる。それと同時にそれは資本主義社会に先だつ諸社会における、あるいはまた資本主義社会に残存する商人資本乃至金貸資本にも、その解明の基準を与えることになるのである。

第一節　貸付資本と銀行資本

資本の再生産過程は、すでに述べてきたように、多かれ少かれ遊休貨幣資本を常に伴うものである。まず第一には、商品資本W′の生産資本W……Pへの転化の過程における一時的存在として、第二には固定資本の償却資金として、第三には蓄積資金として、そして最後に価格の変動等に対する準備金としての貨幣資本として。いずれも個々の資本としては、その価値増殖を消極的に制約するものである。かくて社会的には、この不生産的なる貨幣資本を出来うる限り節約しつつ、商品の販売を確保する手段をとることになる。即ち例えば、一定期間の後に商品代価の支払を保証する手形をもって商品の売買をなし、売手はまたこの手形を自己の必要とする商品の買入れに利用することが行われる。手形は貨幣に代わって流通することになる。後にこれらの手形債務を互いに相殺すれば貨幣は完全に節約されるわけである。しかしこのいわゆる商業信用は、決して全面的に行われるものではない。例えば、石炭業者は紡績業者に対して信用を与えることはできるが、これから信用を受けることはできない。また労働者に対する賃銀の支払は、一般に資本の生産物をもって直接に行うことはできないし、また手形をもって行うということもできない。実際また個々の資本は、その生産物の信用販売をそれぞれの特殊の事情によって制約されざるをえない。銀行は、この個別的なる信用関係を社会的信用関係に転換する機関となるのである。

すなわち銀行は、産業資本の運動中に多かれ少かれ一定期間遊休する貨幣資本を預金として集中し、これを他の産業資本に一定の期限をもって貸付けることによって、上述の個別的なる商業信用を銀行信用として資本家社会的に一般化することになる。この関係は、個々の産業資本家の間に信用をもって行われた商品の売買を明らかにする手形に対して、一定の期間の利子を差引いてこれを買入れる、いわゆる手形の割引によって代表的に示される。即ち、商品を信用販売した資本家は、必要に応じてその代金を銀行によって現金化し、銀行はこれによって商品の売買代金を売手を通して買手に貸付けることになる。手形満期と共に買手は銀行に対して手形金額を支払うことになるが、これは直接にこの買手に貸付けるのと異なって、すでに行われた商品売買を基礎とする貸付を売手を通してなすわけである。しかし売手にとっても、この信用関係によらなければその時には販売しえない商品をも販売しうることにもなるのであって、商品の販売は促進せられ、流通資本は社会的に節約されることになる。(1)

（1）　マルクスは、手形割引について「普通の事業家が手形を割引かせるのは、彼の資本の貨幣形態を先取し、それによって再生産過程を流動状態に保たんがためである。事業を拡張するとか、追加資本を調達するとか、というためではなく、彼の与える信用を彼の受ける信用によって相殺するためである。そしてもし彼の事業を信用によって拡張しようと欲するならば、彼にとって手形の割引はほとんど役に立たないであろう、それは実際ただすでに彼の手にある貨幣資本を一形態から他の一形態に転化するにすぎないからである。」(『資本論』第三巻〔イ〕四六五頁、〔岩〕(七)一五六頁)といっている。これは手形の割引を求める売手が、そうでなければ販売しえない商品を手形によって販売しうるという面を無視したものである。事実、割引は売手に対してもその商品の貨幣への転化を促進するのであって、手形をそのまま「貨幣資本」の「一形態」とすることによって、銀行による売手に対する資金の融通たることを否定しうるものではない。エンゲルスもこの点について、次のような説明を加えている。即ち「前貸が手形の割引によって与えられるとすれば、前貸の形態まで消滅する。行われるのは純粋の売買である。手形が裏書によって銀行の所有に移り、これに対して貨幣は顧客の所有に移る。彼の側からの返済は問題にならない。顧客が手形または類似の信用用具で現金を買うとすれば、それが何等前貸でないことは、彼の他の商品、棉花、鉄、穀物をもって彼が現金を買おうとした場合と全く同じである。ここでは資本の前貸などとは何としてもいえるものではない。商人と商人との間の売買は、すべて資本の移転である。前貸が行われるのは、資本の移転が双方的でなく、一方的であり、後払である場合に限る。……したがって正規の割引業務では、銀行の顧客は、資本にせよ、貨幣にせよ、何等の前貸を受取るのではなく、売った商品の代わりに貨幣を受取るのである。」(同上〔イ〕四六九頁、〔岩〕(七)一六二―三頁)と。しかしこれは手形が何故割引を求められるかということを無視した説明である。「手形……で現金を買う」といったり、また「商品、棉花、鉄、穀物をもって……現金を買う」というのも、商品と貨幣とを区別しないものであるが、また「商人と商人とのあいだの売買は、すべて資本の移転である」というのも、貨幣と資本とを混同したいい方である。「銀行の顧客が……売った商品の代わりに貨幣を受取る」といっても、「顧客」が売った商品は買手に渡っているのであって、「銀行」に渡っているわけではない。「銀行」は「手形」を「商品」として買取ったというのであろうが、その代金は、割引かれている。そしてまた手形満期と共に支払われるのであって、決して本来の商品ではない。またここで売買されているのは実は、直ぐ後に明らかにするように資金であって、銀行が売手で、割引依頼人は買手であり、割引かれる利子がその代価をなすのである。この点が不明確なために、マルクスもエンゲルスも手形割引を全く誤り解しているものとしか考えられない。エンゲルスの説明は「銀行業者は、貨幣形態で利用され得る社会的資本の――貸付の形態における――分配者として機能することに慣れてきたために、彼が貨幣を手放す場合のあらゆる機能が、彼にとっては貸付としてあらわれる。」（同上〔イ〕四六八頁、〔岩〕㈦一六〇―一頁）という銀行業者の観念を批判するつもりで、反って手形売買の外形にとらわれることになっている。

流通資本の資本家社会的節約は、いうまでもなくその生産資本化として剰余価値の生産を増加するものであって、銀行は一方では利子を支払って預金を集め、他方ではその貸付に対して利子を受け、この利子の差額を、かかる資金の社会的融通の媒介に必要とする自己の資本の利潤とすることができることになる。それは個別的の信用関係だけでは行いえない、社会的なる資金の利用を媒介する機能を、貸付資本G……G′の形式をもってなすものであるが、しかしそれは決して銀行の資本としての資金自身を貸付けて利殖するものではない。銀行は、資金の貸付を媒介するにすぎない。しかもそれは資金自身を商品化して、いわゆる貨幣市場を形成し、そこで行う売買としてあらわれる。利子はいわば一定期間の資金の使用に対する代価にほかならない。かくて個々の資本家の間の商業信用では、なお社会的基礎をうるにいたらなかった利子率がここに始めて一般的に確定されることになる。またこの市場における資金の売買による、その社会的融通は、なお価値増殖の増加を予想される利潤率の比較的高い部面への貸付として、一般的利潤率の均等化を補足するものにほかならない。銀行はその資本をかかる資金の売買の、いわば準備金とし、一方で安く買った資金を他方で高く売ってその利鞘を利潤とする商人資本としてあるにすぎないとしても、その利潤の根源を、産業資本の遊休貨幣資本を社会的に生産資本化することに有しているのであって、単なる商人資本ではない。また預金に対する利子も、貸付に対する利子も、同様に資本家社会的なる剰余価値生産の増加に基づくものであるが、それがまた資金の商品化によって商品経済的に調節せられつつ決定せられるのである。(2)

(2) マルクスは、利子付資本を規定するにあたって先ず次のように述べている。即ち「貨幣は……資本主義的生産の基礎の上では、資本に転化されることができ、そしてこの転化によって、所与の一価値から、自己自身を価値増殖し、自己を増大させる一価値となる。それは利潤を産む。すなわち一定量の不払労働を、剰余生産物及び剰余価値を、労働者から引出して我がものとする能力を資本家に与える。かくしてそれは、それが貨幣として具有する使用価値のほかに、一の追加的使用価値を、すなわち資本として機能するという使用価値を与えられる。ここでは貨幣の使用価値は、まさにそれが資本に転化されて産み出すところの利潤に存する。この、可能的資本としての、利潤の生産のための手段としての属性において、貨幣は一の商品に、但し一種独特の商品になる。または結局同じことになるが、資本は資本として商品となる。」(『資本論』第三巻〔イ〕三七〇—一頁、〔岩〕(七)八頁)と。そして続いてこの「独特の商品」について次のように解説するのである。

「年平均利潤率を二〇%と仮定しよう。そうすれば一〇〇ポンドの価値ある一機械は、平均的諸条件のもとで平均程度の知能と合目的的活動とをもって資本として使用されるならば、二〇ポンドの利潤を産むであろう。したがって一〇〇ポンドを自由にし得る人は、一〇〇ポンドを一二〇ポンドとなす力、または二〇ポンドという利潤を産む力をその手に保有する。彼は一〇〇ポンドという可能的資本をその手に保有する。この人がこの一〇〇ポンドを、現実にこれを資本として充用する他のある人に、一年間委託するとすれば、前者は後者に、二〇ポンドの利潤を生産する力を、彼にとって何等要費せず、彼によって何等の等価をも支払われない剰余価値を生産する力を、与えるわけである。後者が一〇〇ポンドの所有者に、たとえば五ポンドを、すなわち生産された利潤の一部を、年末に支払うとすれば、これによって彼は、一〇〇ポンドの使用価値に、その資本機能すなわち二〇ポンドの利潤を生産する機能の使用価値に、支払うわけである。彼が前者に支払う利潤部分が利子と呼ばれる。したがってこれは、利潤中の、機能しつつある資本が自分のポケットに入れないで資本の所有者に支払ってしまわねばならない一部分を表わす特殊の名称、特殊の一項目にほかならないのである。」(同上〔イ〕三七一頁、〔岩〕(七)八―九頁)と。この場合、一〇〇ポンドの所有者が「貨幣資本家」として、それが「委託」されるのが「機能資本家」ということになり、またこの「委託」関係は、「この商品に、商品としての資本に特有な貸という形態」(同上〔イ〕三七四頁、〔岩〕(七)一三頁)をとることになるというのである。

しかしこの説明では、まず第一に何故にこの「貨幣資本家」は、一〇〇ポンドを自ら資本として使用しないで、「機能資本家」に委託するのか、は全然わからない。もちろん、実際上は年とった「貨幣資本家」が、有能な「機能資本家」にそういう委託をするということはあるであろうが、しかし原理論ではそういう想定は許されない。理論的には、それは資本家が一〇〇ポンドによって二〇ポンドの剰余価値を生産するという関係にすぎない。その内の五ポンドが「機能資本家」から「貨幣資本家」に支払われるというような関係は、理論的に解明しうることではない。またそういう関係では、「一年間委託する」ということも無意味である。それは無期限につづいてよいわけである。元々、貨幣が「資本として機能するという使用価値」を有するとしても、それが「商品」化するとすれば、「貨幣資本家」にとって「使用価値」でないことにならなければならないが、その点が不明確なために、そういう「使用価値」自身が「資本」として「商品」化することになっている。いずれにしろこれらの規定は、『資本論』における商品とその使用価値、貨幣と資本等々に関するこれまでの規定をもってしては理解しえないことといわざるをえない。「機能資本家」という資本家も、また「貨幣資本家」という言葉に対応したものかも知れないが、資本をもたない資本家という原理論としては不可解なる資本家というほかはない。もちろん、実際上は上述のようにそういう資本家の存在を否定するわけにはゆかないが、それだからといってそういう資本家を理論的に資本の人格化したものとして規定することはできない。実際上の存在は、理論を基準にして解明されるべきである。

しかしながら銀行は一方で受けた預金を他方で貸付けるというだけではない。自らもまた何時でも貨幣をもって支払うことを約束する手形をもって貸付を行うことができる。自ら発行する銀行券をもって手形の割引をなすわけである。銀行は資金の社会的配分を媒介する資本家社会的に公共的なる機関として、その手形は、個々の資本家の手形と異なって、貨幣に代わって一般的に流通することになる。それと同時にかかる銀行券を発行する銀行の発券業務は、集中され、統一されることになり、いわゆる市中銀行、地方銀行に対して中央銀行の独占するところとなる。しかしそれにしても銀行券は、政府紙幣と異なって、その発行者がこれによって商品を購入し、あるいはその他の支払をするというものではなく、再生産過程を基礎とする貸付の要求に基づいて発行せられるものであって、貸付を受けた資本にとって不要となれば直ちに銀行に復帰する。かくしてまた再生産過程の必要とする流通手段乃至支払手段としての貨幣量を利子率によって調節しつつ補充することになるのである。(3)

(3)　最近のように兌換を停止し、銀行券が紙幣化する傾向をとることになると、貸付が如何にして行われるかということに問題は集中してくるが、そうでなくても実際上は外国貿易との関係もあって、銀行券発行の限度は、原理的に規定しえられないような複雑なるものが加わってくる。十九世紀前半のイギリスでもイングランド銀行の銀行券発行について、いわゆる銀行の機能を主とする銀行説と兌換準備を主とする通貨説との間に有名な論争が行われたのであるが、そして結局、通俗的な、そして実際的な通貨説によって、一八四四年に銀行条例が制定され、一定の限度を越えると兌換のための金属準備にその発行を限定されることになったのであるが、恐慌時にはこの条例も停止されざるをえなかったのである。もちろん、この点は、理論的に想定される純粋の資本主義社会として、外国貿易との関係がないという場合にも、実際に適用せられるような規準が原理的に規定されるというものではない。事実、次に述べるように、資本主義的再生産過程自身が、循環過程における恐慌によって中断されるのであって、産業資本の間に展開される信用関係に対応した手段をとるよりほかに方策はないのである。

ところがこの銀行券発行の基礎をなす再生産過程の拡張は、すでに述べてきたように、その物的条件をなす生産手段と労働力の再生産に必要な生活資料とを自ら生産しつつ行われるのであって、拡張に必要なる労働力以外にはこれを制限するものはない。すなわちこの労働力による制限が、いわゆる景気循環の決定的原因をなすのであるが、不況期に形成された相対的過剰人口を基礎として好況期の拡張再生産が発展することになると、資本は将来の利益を予想して益々その規模を拡張し、貸付資金もできうる限り利用する。中央銀行もまたこれに応じて銀行券の発行をも増加する。しかし一定の生産関係の下に展開される資本の再生産過程の拡張としての生産力の増進は、必ず労働賃銀の騰貴によって利潤率の低下をもたらし、終には資本の蓄積の増進にもかかわらず利潤量は増加しない、いわゆる資本の過剰を来たすことになる。銀行券増発による銀行の貸付増加もこの事態は救済しうるものではない。実際また銀行に対する貸付増加の要求も、個々の資本の間の信用関係の発展によるものであるが、利潤量の減退に伴って資金の形成は減少するのに反して、その需要が益々増加することになると、各銀行の割引利率は一般に昂騰せざるをえなくなるのであって、発券銀行の銀行券発行も、その増加を最も強く要求せられるときに抑制せられるということになるのである。かくして個々の資本の間には必ず支払不能におちいるものを生じ、その再生産過程の拡張も継続しえなくなる。しかもその中断は一部にあらわれると連鎖的に反応し、いわゆる恐慌となって爆発する。

個々の資本は、いずれも現金支払を要求することによって、互いにその極度に拡張された生産を麻痺せしめることになる。かくしてまた生産された商品も販売されえない過剰商品となるわけである。(4)

(4)　恐慌現象は、すでに述べてきたように、直接的には商品の過剰生産を原因とするものではない。資本は、その拡張再生産に必要とする生産手段と消費資料とは、価格の運動を通して社会的に調整せられつつ生産するのであって、一般的に過剰生産をなすものではない。もちろん、部分的には常に過不足を免れないが、それは価格によって調整せられるのである。また商品に対する制限をなすものと考えられる労働者の消費力にしても、労働力の価値によって制限されているわけではない。好況期には価値以上に騰貴する賃銀によって、その消費を増加するのである。そして資本の過剰によってその限界を与えられるわけであるが、それも利子率の昂騰による、資本の蓄積に対する資本家社会的規制としての恐慌を通して始めて現実化されるのである。もっとも資本主義の実際としては、投機による買付、ことに商業資本による過度の投機が、一部の商品の過剰生産をもたらし、その支払不能によって恐慌の口火をきることになる場合も少くないであろうが、しかしそれも一般的に産業資本の間に資本の過剰の事実があってこそ、恐慌として爆発するものといってよいであろう。

利潤率に対する利子率の関係は、前者が一般に個々の資本にとってその投資部面を決定する基準となるのに対して、後者は個々の資本の運動中に生ずる遊休貨幣資本を資金として資本家社会的に共同的に利用しつつ、利潤率の相違を補足的に均等化するものといってよいのであって、この資金は、個々の資本家の資金でありながら、銀行を通して社会的資金として、上述のように資本の蓄積に対する社会的規制をなすものとなる。それは個々の資本の蓄積過程の内に形成せられつつ社会的に利用せられるものであって、マルクスもいうように「多くの場合、利子の低い状態は繁栄期または特別利潤期に、利子の上昇は繁栄とその転換との境界期に、また極端な高利的高さに至る利子の最高限は恐慌に、対応する」(『資本論』第三巻(イ)三九四頁、(岩)(七)四四頁)ということになり、「他面では、比較的低い利子が沈滞に伴い、またある程度の上昇が活気の増大に伴うこともある。」(同上(イ)三九四頁、(岩)(七)四四頁)。それは資本の運動の中から出ながら、個々の資本の運動と独立に、貨幣市場において一定の期限をもった商品として売買せられることになるのであって、個々の資本の運動に利用せられ、流通費用の節約に役立ちながら、個々の資本の運動を社会的に規制するものとなる。それはまさに資本家的商品経済に適応した規制方法といってよい。資金の商品化による資本に対する規制である。(5)

(5)　マルクスは、前にも指摘したように、この資金の商品化を直ちに資本の商品化とするのであるが、ここではなお資本が商品化しているわけではない。利子は、資金の一定期間の使用に対する代価であって、資本の代価ではない。後に明らかにするように、資本は定期的に一定の利子を生むものとして商品化するのであるが、商品としての資本の代価は明らかに利子ではない。

第二節　商業資本と商業利潤

銀行資本は産業資本の遊休貨幣資本を資金として社会的に融通し、これによって流通資本を生産資本化して剰余価値の生産の直接的増加をもたらすことに寄与するのに対して、商業資本は産業資本の運動における商品資本の貨幣資本への転化W′——G′の過程、いいかえれば資本の運動における最も困難なる問題を含む商品の販売を産業資本に代わって引受けて専門的に行いつつこれを促進することによって、いわば間接的に剰余価値の生産増加に寄与することになる。同じく流通費用の節約による剰余価値の生産増加をなすわけであるが、異なった役割を有しているのである。(6)

(6)　利子論で商業資本を説くことは、外見的には異様に見えるかも知れないが、流通費用の節約という同じ役目を有するものであり、貸付資本の形成にはその背後に銀行資本があり、商業資本はまたこの同じ役目から、次に述べるように貸付資本を前提とし、これを極力利用するものとなるのである。『資本論』における「商品取引資本」「利子付資本」の順序は、むしろこの関連を不明確にすることになるものと考えられる。

商業資本によってその商品を買取られると、産業資本にとっては直ちにその貨幣によって次の生産を続けることができるわけであって、貨幣資本がそれだけ節約されることは明らかであるが、これは当該産業資本の個別的生産にとってのことであって、社会的には何等流通費用の節約にはならない。その点ではむしろ商業資本も銀行の媒介による資金を極力利用するのである。商業資本は、しかしもちろん、単に産業資本の商品販売を引受けるというだけではない。それによって流通期間を短縮すると同時に、産業資本にとっては、長短種々異なるものとして生産期間と同様には扱いえなかった流通期間を、他に委譲するばかりでなく、そのために必要な費用をも節約しうることになる。前にも述べたように、商品売買に要する流通期間は、産業資本にとってはその資本の利潤率の平均的計上を一般に困難ならしめるものであって、これが商業資本によって引受けられるということは、いわば産業資本の投資部面を決定する利潤率均等化に重要な機構的条件をなすものである。(7) さらにまた商品販売のために必要な費用、例えば店舗を設けるとか、帳簿をつけるとかということは、産業資本としては、流通期間のように単なる流通費用とはいえない、積極的な負担として剰余価値のマイナスをなすものである。もっともそれによって流通期間は、多かれ少かれ短縮されることにはなるが、しかしその関連は必ずしも客観的基準を有するものとして社会的に認められるものではない。ところがこの費用が商業資本においては、流通期間の短縮のために役立つと同時に、種々なる商品を扱う場合はもちろんのこと、同種のものにあっても、集合されて販売されると共に自ら平均的計算を可能にするのであって、資本の構成部分をなすものに転化される。いいかえれば流通期間の短縮による資本家社会的費用の節約は、かかる売買作業の流通費用をも、商業資本の資本として、商品買入に投じた資本と共に回収されるばかりでなく、それに平均の利潤を分与せしめることになるのである。(8)

(7)　歴史的には、商人資本による売買の作業を前提として産業資本が出現するのであって、この点は問題にならない。理論的展開では、逆に産業資本自身が直接に販売していたものを商業資本に分担せしめるものとして論じなければならないので、稍々理解に困難なことになることを避けるわけにはゆかない。産業資本の利潤を論ずる、第三篇第一章の利潤論では、流通期間と流通費用を留保しておくという方法は、いわばやむをえない便法といってよい。

(8)　前註に述べるところとも関連するのであるが、特に売買の作業に要する費用は、これも実際上は商人資本において資本として扱われてきたものを、理論的に産業資本自身に想定するということは無理である。しかしそれにしても個々の産業資本にとっては、それが流通期間以上に不定の要素をなすばかりでなく、それによって流通期間が短縮されるということは、元来剰余価値の生産にとっての、マイナスをマイナスする費用として、たとい剰余価値の生産を間接的に増加することになるとしても、かかる費用自身は、これを生産資本と同様に、積極的に資本として剰余価値を生むものとするわけにはゆかない。剰余価値部分から支出される費用にすぎない。もちろん、また商品資本や貨幣資本と同様に資本部分をなすわけではない。かかる流通資本を減少するための費用である。ところがこの費用も、産業資本家の手から離れて、商業資本家の手にあって、その独自の事業のための費用になると、平均計算を可能にすると共に、一般に資本の流通期間の短縮のための費用を節約するものとして、資本となる。産業資本の場合の費用を節約しつつ流通期間をさらに短縮することによって、販売価格の中からその費用を回収しうるばかりでなく、その費用に対する平均利潤をも実現することになる。それだけ流通期間を短縮する流通費用が節約され、産業資本は自ら販売する場合の流通期間と流通費用とを考慮すれば、商業資本への売渡価格を生産価格より安くしながらなおいくらか有利となるということになり、商業資本は生産価格で販売しながら、その資本に対して、買入に充てた資本はもちろんのこと、店舗、簿記その他の流通費用に対しても、これを資本としてその償却費、補塡費を回収するばかりでなく、その利潤をも実現しうることになる。商業資本によらなければ節約されえない失費を節約するということから、資本としての回収も、その利潤もえられるのであって、それは販売価格としての生産価格に何らかの追加をしてえられるというものではないという点を特に注意せられたい。もちろん、実際上はそうでない場合が少くないが、また実際上は理論的に想定されるような商業資本は殆んどないといってもよく、多かれ少かれ商人資本的なるものを残すのであるが、しかし商業資本と商業利潤の理論的解明は、こういう抽象的な純粋の形でなされなければ、その利潤の根拠も明確にはならない。実際上の具体的な、商人資本的性格を多かれ少かれ有する商業資本は、しかしこの基本的規定を基準にして始めて分析解明せらるべきであること、他の場合と同様である。

商業資本が、労働者を雇って売買の業務にあてるという場合も、原理的には同様である。同じく流通費用といっても、運輸、保管に要する労働は、すでに先に述べたように、価値を形成するものとして、したがってまた利潤として分配せらるべき剰余価値をも生産するものとなるが、商品売買にあたる商業労働は、売買過程自身が何等の価値をも形成するものではないので、労働者の労働によるとしても価値を、したがって剰余価値を形成するものではない。(9) 元々商業活動は、資本家の唯一の労働をなすものであって、労働者がこれに代わってなすとしてもその点に変わりはない。その労働は、積極的に生産物に価値を加えるものではない。したがってここでもまた労働者は、流通費用をさらに一層節約することに役立つことによって、資本家に対してその賃銀を回収せしめるだけでなく、その可変資本としての資本の利潤をも得させることになるのである。労働者は、他の産業と同様に賃銀をえて労働力を商品として販売するわけであるが、その労働は、必要労働部分も剰余労働部分も、ともに新たなる価値を形成するものとしてではなく、商品の流通期間を短縮し、それによって流通費用を一般的に節約するという、商業活動に特有な役割を演ずるものにすぎないのである。

(9)　運輸、保管等に要する労働が価値を形成するということは、しかし直接に物の生産にあたる産業よりも稍々複雑なる関係にある。社会的に必要とせられる運輸、保管と、そうでないものとの区別が容易に行われえないという点である。それは特に商業の投機的売買と結合せられるときそうである。しかもその労働は、生産物自身にいわば結果を残さないので、価値形成はただ運賃、保管料としてあらわれるということになる。またこの点に関連して運輸の場合は、物の輸送だけでなく人の輸送も同様に扱われる。これらの問題もまたすべて原理をもって解明されるというものではない。原理的規定を基準にして理解すべきものである。これらをすべて原理的に、例えば現象的な価格運動の内に一様に解明せらるべきものとすることは、資本主義経済の基本的諸法則を商品経済的形式的法則によって骨抜きにすることになり、経済学の歴史科学としての任務を否定することになる。極端な例をあげると、それは骨董品の価格の決定によって労働価値説を否定するのと同様に、資本主義社会が労働者と資本家との関係を基礎にして成立しているという歴史的事実に目を蔽うものである。最近の金融資本時代の諸現象によって直ちに原理的規定を与えようとするのも同様である。

商業利潤が、産業資本の利潤としての剰余価値の形成に、必要ではあるが、消極的なる負担になる流通費用を節約するということに、その基礎を有するということは、資本自身に本来的なる流通形態的倒錯性の根拠を明らかにするものである。いわゆる薄利多売としての回転の促進が利潤を積極的に形成するものとなるのであるが、それは当然に商業資本家自身の活動によるものとせられる。また一般に商品の買入れ価格を原価として、これを超過する販売価格との差額を資本の利潤とする——商人資本的形式として資本の一般的定式をなすものにあらわれる——いわゆる譲渡利潤が、利潤の源泉をなすという資本家的な利潤観もここにその支柱を与えられるわけである。しかしまたそれと同時に産業資本家にとっては、その生産物は商業資本への売却によって、その生産物の終局的販売をまたずして再生産過程を継続しうることになり、いわば資本家的生産の無政府的一面を商業資本に委譲したことにもなる——といっても完全にそうなるのではなく、その影響を受けるものとして残る——のであって、商業資本家は資本家の、資本家としての活動を代表することになる。そしてその倒錯性は資本家的投機性の内に埋没されるのである。(10) かくして商品の買入れに充てられる資本は、むしろ銀行を通して利用せられる貸付資本に準ずるものとせられ、これに対する利子をその利潤から差引いた残りの利潤こそ、資本家の活動によるものとして、いわゆる企業利潤という資本家的観念を形成するのである。これに対応して資本は、それ自身に利子を生むものとしての資本家的物神性を完成されることになるのである。

(10) 恐慌に先だつ好況期には、商人資本の投機的活動が屢々恐慌の真の原因を隠蔽する。いわゆる生産過剰を恐慌の原因とする一般的見解もこの現象による印象に基づくものといってよい。

原理論として解明される商業資本にも、もちろん、この商人資本の一面が共通するわけであるが、それはすでに産業資本の蓄積過程として解明された景気循環過程を、いわば補足的に拡充するものとしてである。実質的基礎は産業資本の蓄積過程にありながら現象的には商業資本の活動として表面にあらわれるのである。なお原理論の対象としての純粋の資本主義社会といっても、その価値法則は常に価格の運動を通して貫徹され、資本の蓄積は景気の循環を通して行われ、利潤率の均等化は、不均等の均等化として実現されるのであって、投機的活動のない資本を想定しているわけではない。ただ価値の実体を明らかにする場合には、価格の運動そのものによってではなく、その中心によってしなければならないと同様に、恐慌の原因を解明する場合に資本家の、特に商業資本の投機的活動によるわけにはゆかないというだけのことである。逆に価値形態を明らかにするには、価値の実体をもってするわけにはゆかない。しかしまた実体規定が与えられると、形態は実体の形態として、その根拠によって解明される。もちろん、それだからといって形態規定がなくなるわけではない。価値は価格の運動の中心としてあるわけである。資本形態についても同様である。商人資本的形式としての利潤形態は、産業資本の生産過程を基礎にして剰余価値の利潤としての分配関係が解明されると、単なる譲渡利潤ではなくなる。しかし資本形態は、その実体的基礎をなす生産過程を把握しても、流通過程を生産過程と同様に処理することはできない。流通過程に伴う諸問題を銀行資本、商業資本を通して資本家的に処理するのである。資本家の投機的活動も、かかる実体的規定を与えられると単なる投機としてではなく、商業資本の任務に代表されるものとして、解明される。原論は、決して、投機的活動が全然ない世界を対象として理論的解明を与えようというのではない。原論の世界でも、商業資本はもちろんのこと、産業資本にしても、過剰取引もやれば、支払不能にもおちいるものとして資本なのである。ただ商業資本の過剰取引によっては、恐慌の根本的原因をなす資本の過剰は解明しえないという点を注意しなければならない。

第三節　それ自身に利子を生むものとしての資本

商業資本による、その利潤の利子と企業利潤とへの分化は、利子を一般に資本がそれ自身に生むものとして固定化することになる。産業資本も、一方では銀行を通して融通せられる資金を自己の資本に加えてその資本として利用し、それに利子を支払うと共に、自己の遊休資金は銀行に預金して多かれ少かれ利子をうるということになるのであって、自己の資本自身をも他から借入れた資金によるものとする。また他方では、生産手段と労働力とを商品として買入れて生産し、その生産過程で剰余価値を生産しながら、その剰余価値を利潤として資本額に応じて分配するという関係を基礎にして、その利潤を安く買って高く売ることからえられる利潤の内に解消することになるのであって、商業活動によって代表される資本家的活動にその利潤の根源を求めることになる。利潤の利子と企業利潤とへの分化は、商業資本に限られるものではない。もちろん、産業資本にしても、商業資本にしても、自己資本に対して利子を支払っているわけではない。しかしまた商業活動に代表される資本家の如何なる活動によっても、利潤として分配せられる剰余価値自身が生産されるわけではない。(11) 個々の資本の生産過程に伴う遊休貨幣資本をできうる限り生産資本化し、商品資本をできる限り迅速に貨幣資本に転化するという形であらわれた、資本家的商品経済に特有なる、経済過程のいわば経済的処理方法にほかならない。それは生産手段と労働力とを一刻も無駄にしてはならないという、資本家的方法のいわば精神をなすものといってよい。それ自身に利子を生むものとしての資本が遊休しているということは、いいかえれば利子を喰い込んでいることになるわけである。

(11)　産業資本家が、生産手段や労働力を安く買って、生産物を高く売るという場合はもちろんのこと、生産過程において生産手段を無駄なく使い、労働者をできる限り労働させるということからえられる特別の利潤も、資本家自身の生産した剰余価値によるものではないということは、恐らく何人にも異存はないと思うが、しかし例えば新しい生産方法を採用して特別の利潤をあげるということになると、それは資本家の活動によるものであって、新しく資本家によって形成せられた価値に基づくのではないかとも、考えられるかも知れない。しかし前にも指摘したように、そういう方法を発見し、発明するための費用や労苦も、新しい価値を、したがって剰余価値を生産するものではないのであって、資本家がこれを採用するということで、新しく価値を形成するものになるものではない。むしろそれは商品の価値を下げることになる。そういう方法が普及しない間にえられる特別の剰余価値も、その方法を採用する資本の下に労働する労働者の労働によるものではないということも、すでに述べた通りである。それは結局、物を生産するに要する労働時間を減ずることになり、それによって相対的剰余価値を生産することになるにすぎない。かかる発明、発見を利用するのに特許料が支払われるというのは、資本主義社会の発明、発見を奨励するための便宜手段にほかならない。資本家が、何か社会的に特に需要せられるような生産物を見出して、これに投資するという場合にも同様である。こういう点については、多くの人々は、資本家も有用な仕事をしているということを主張したいものと思うが、有用な仕事をするということは価値を形成するということを意味するものではない。社会的に有用な仕事をしてそれによって報酬をえているということは、決して価値を形成するということではない。例えば教育者がその労務をもって価値を形成するとなすのは、人を物とする卑俗の考え方というほかはない。資本家も資本主義社会では、一定の有用な仕事をしていることは間違いはない。しかしそれは経済的な行動であっても、例えば有利な産業を求めて投資するというような場合にも、それ自身には価値を形成するものではないのである。

もちろん、それ自身に利子を生むものとしての資本も、実は、自ら利子率を決定しうるわけではない。貨幣市場で決定される利子率を反映して自らの利子とするものにほかならない。しかし資本主義は、かかる貨幣市場を基礎とする利子率の一般的決定と共に、この資本家的観念に、いわばその社会的基礎を与えられ、資本自身をも商品化する新たなる形態規定を展開する。即ち、一般に資本主義社会においては一定の定期的収入は、一定額の資本から生ずる利子とせられることになるのであって、貨幣市場の利子率を基準にして、かかる所得は利子による資本還元を受けた、いわゆる擬制資本の利子とみなされることになる。定期的に地代を支払われる土地所有も、これによってその土地を一定の価格を有する商品として売買しうることになるのであるが、産業資本も株式形式をもって形成され、その運営によってえられる利潤が、株式に対して配当として分与されることになると、資本は、この配当を利子として資本還元される擬制資本を基準として、商品化されて売買されることになる。その他公債、社債等の有価証券も同様にして商品化される。株式その他の有価証券の売買市場は、資金が商品化されて売買される貨幣市場に対して、資本市場をなすわけである。それは貨幣市場の利子率の形成に直接に参加するわけではないが、その利子率を反映する利子率によって資本還元される擬制資本の市場として、いわばその補助市場を形成するものに発展しうることになる。しかしそれと同時に、この資本市場に投ぜられる資金は、もはや一般的には産業資本の遊休貨幣資本の資金化したものとはいえなくなる。それは土地の購入と同様に、投機的利得と共に利子所得をうるための投資として、原理論で解明しえないヨリ具体的な諸関係を前提とし、展開するものとなるのである。(12)

(12)　原理論では、資本は利潤を目標として投ぜられるものであって、単に利子をうるために投ぜられるものではない。貸付資本は、かくしてすでに述べてきたように、産業資本の遊休貨幣資本の資金としての商品化を通して成立するものにほかならない。またかくして始めて利子率の一般的な経済学的な規定も与えられうるのであるが、こういう抽象的想定は原理論の純粋の資本主義社会に当然のことである。株式その他有価証券の売買される資本市場に対する貨幣市場も、原理的には資本市場と離れてその規定が与えられるし、また与えられなければならないのであるが、そういう原理的規定が与えられていてこそ資本市場との具体的関係も解明しうるのである。今日なお一般にこの両市場を言葉では区別するかの如くに使用しながら、しかし明確にその区別をしていないのは、貨幣市場自身の抽象的規定が与えられていないということによるものと考えられる。

なお産業における株式会社制度の普及は、固定資本の巨大化を前提として、いわゆる金融資本の時代を展開することになるのであって、原理論だけでは究明しえない諸現象を呈することになる。株式会社の資本についていえば、必ず一般の普通株主資本家と会社の支配権を握る大株主資本家とを分離し、前者はむしろ利子所得者化し、後者がそれに対応して他人資本をも自己資本と同様に支配する資本家となり、いずれも原理的には規定しえない、種々なる具体的な、いわば型《タイプ》的規定を与えるよりほかない、諸関係を展開する。この諸関係をも原理的に規定しようとすると、本来の原理的規定は与ええなくなる。いいかえれば金融資本の規定は、原理論の資本規定を前提として始めて与えられるのであって、これを原理的に規定しようとすると、資本自身の規定をも曖昧にすると同時に、金融資本としての規定も与ええなくなる。あるいはまた原理論の一般的な資本の規定を金融資本と共に段階論的に規定せらるべき産業資本と同一視することになる。段階論としての産業資本は、十九世紀イギリスの前半に見られるように、穀物条例を廃止し、自由貿易を実現し、その一般的支配を目指して動いているものとして規定されなければならない。それは原理論で抽象的に規定される資本で済まされるものではない。

商品経済における物神崇拝は、すでに述べたように、労働力の商品化による資本の生産過程においてその根拠を明らかにされるのであるが、それ自身に利子を生むものとしての資本において、その完成を見るものといってよい。もちろん、これは単に誤ってそう信じられるというものではない。それによって資本はその運動を律せられるのである。それはいわば労働力の商品化による社会関係の物化に対応する資本主義社会の理念をなすものといってよいのである。

第四節　資本主義社会の階級性

資本主義社会は商品経済を根柢とし、それを全面的に展開するものとして、歴史的に一社会をなすのであるが、それは封建社会と異なって直接的な支配服従関係を原理とする階級社会ではない。表面的には、商品交換という、自由と平等とを本性とする社会関係を基礎とするものである。しかしそれはいわゆる単純商品生産として想定されるような、独立の生産者がその生産物を互いに交換するというような社会としては、歴史的な一社会をなすものではなく、労働力自身を商品化する資本主義社会として始めて歴史的に一社会をなすのであって、旧来の階級的社会関係をもこの形態規定の内に解消して、いわゆる近代化を実現し、その階級性は、商品形態に完全に隠蔽されることになる。(13) 科学としての経済学が始めてそれを暴露するのである。

(13) 我が国のように、資本主義のいわゆる金融資本の段階において資本主義化した後進国では、すでに屢々指摘してきたように、旧来の小生産者的社会層を多かれ少かれ残しながら高度の資本主義の発展を見ることになるのであって、残存するいわゆる前近代的な諸関係乃至イデオロギーに見られる階級性に眼を奪われて、「近代化」の階級性を軽視する傾向を免れない。特に戦前における農村事情は、そういう傾向を助長するものとして役立ったのであった。

しかし経済学も、資本家と労働者と土地所有者という、資本主義社会を代表する三大階級の関係を、資本——利潤、労働——賃銀、土地——地代として解明しようとしている間は、到底その目的を達しうるものではなかった。しかも資本——利潤が資本——利子に骨抜きにされると、それは俗流化されることになる。元々、資本——利潤の定式は、資本が生産過程を把握し、資本がその社会的実体をえたとき、資本概念自身が常識的に生産手段に一般化されることになり、土地、労働と共に生産の三要素とせられたことに基づいて形成せられたのであった。それは一般に資本としての生産手段を歴史的に理解しえなかった古典経済学の根本的欠陥を示すものであった。すでに明らかにしてきたように、利潤をその所得とする資本が対立するものは、土地一般ではなく、歴史的に資本家的生産に適応した土地所有である。また資本にとっては、労働は無産労働者の労働として、商品形態をもって購入した労働力の資本のもとにおける消費としての労働である。したがって賃銀は、労働賃銀の形態をとるにしても、決して労働に対する報酬としての所得ではなく、労働力商品の代価にすぎない。賃銀は資本――利潤に対応する所得をなすものではない。実際また資本を生産手段として、土地、労働と共に生産の三要素とするならば、この生産過程の主体は労働者にあるのであって、資本にあることにはならない。全くこの定式は、経済学の科学的展開を阻む常識的理解を基礎とするものにほかならなかった。資本――利子への発展は、それ自身に利子を生むものとしての資本について述べたように、資本の物神性を完成する定式といってよい。これによって労働――賃銀の中には、資本家的活動の報酬としての企業利潤まで暗黙の内に含まれることになる。しかしまたそうすると、土地――地代は資本――利子に含まれなければならぬことになるのであって、定式は首尾一貫しないことになる。いずれにしろこれらの定式は、資本主義社会の階級性が商品形態の内に包摂され、隠蔽されているという事実に頼った常識的規定にほかならない。(14) 経済学は、この定式の矛盾混乱を摘発するだけでなく、この根拠をも明確にしうるものでなければならない。

(14) マルクスは、この点について「あたかもスコラ哲学者が、父なる神、子なる神、聖霊なる神におけるように、俗流経済学者は、土地——地代、資本——利子、労働——賃銀に安住する……」(„Theorien über den Mehrwert,“ Bd. III. 1910—S.575. 邦訳『剰余価値学説史』第三巻改造社版マルクス・エンゲルス全集第十一巻五六六頁)といって、この定式を三位一体的定式と名付けたのである。事実、資本概念が科学的に確実にせられない限り、経済学は凡庸なる神学に堕するほかはないのである。

資本主義社会の階級性は、外形的にはそうでないために、経済学によって解明せられなければならないのであるが、この解明はまた同時に資本主義社会に先だつ諸階級社会に通ずる階級的関係の一般的なる経済的基礎をも明らかにするものである。それはもちろん資本主義社会という特殊歴史的社会の特殊の形態、労働力の商品化を通して解明されるのであるが、しかし前にも述べたように、唯物史観の基礎をなす物質的生活関係の総体としての経済的土台自身が、経済学という、特殊の歴史的社会としての資本主義社会を対象とする学問によって始めて解明されるということから当然のことといってよい。

事実また、それは単にそれらの諸社会の研究を総括して規定されるというものではない。資本主義社会が、その社会関係をある程度までは商品経済に徹底し、純化し、抽象するという特殊の性格を有しているということ、いわばその極めて経済的なる経済生活の方法によって、その対象がその科学的解明の基礎をつくってくれるということに、その根拠を有している。もちろん、資本主義に先だつ諸社会の研究が無用だというのではない。資本主義社会の、この特性もまたかかる研究によって明らかにされるのであるが、しかしそれは資本主義社会をその一つとしてというのでなく、むしろそれらの諸社会は、結局、資本主義社会に帰一するものとして、その基本的関係を明らかにすることによって、諸社会に通ずる一般的規定も与えられるというのである。諸階級社会に通ずる階級関係の一般的規定が明らかになり、またそれが資本主義社会に特有な形態をもって、特有な機構をもって展開されているということが明らかになれば、社会主義がその目標を如何なる点に置くべきかも明らかになる。(15) 経済学の原理は、そういう意味で社会主義を科学的に根拠づけるものとなるのである。

(15) マルクスは『資本論』第一巻第二十四章第七節の「資本家的蓄積の歴史的傾向」で資本主義から社会主義への転化の必然性を述べているのであるが、私にはこれは『資本論』で明らかにされている資本主義社会の経済的運動法則による規定とは考えられない。この点は、すでに拙著『恐慌論』(一八四―五頁)、『経済学方法論』(一四三―七頁)その他でも指摘してきたところである。資本家的商品経済が、あたかも永久的に繰り返すかの如くにして展開する諸法則を明らかにする経済学の原理自身によって、その原理を否定する転化が説きえないことは当然と考えるのであるが、しかしこのことは資本主義社会自身の永久性が経済学によって説かれるということではない。原理的法則は、そういう面をもって原理となっているのであって、それ以外の方法によって解明されるものではない。むしろ経済学は、そういう法則性を原理的に完全に説きうるという点で、対象を抽象的に、一般的にではあるが、完全に認識しうるという、特殊の、おそらく他の如何なる科学にもない――対象が歴史的なるものであるということからくる社会科学の基礎をなすものとしての特殊の――性格をもっているのであって、その点で対象の変革の主張を科学的に基礎づけることになるのである。段階論を通してなされる現状分析は、かかる変革活動に対し具体的に役立つ行動基準を科学的に与えるものにほかならない。原理論はもちろんのこと、段階論、現状分析も、資本主義の社会主義への転化の過程を経済学的に規定しうるものではない。そこにまた社会主義運動の組織的実践における主体の意義がある。それは単に経済学的に必然的なるものとして明らかにされた過程を実践するというものではない。経済学を基礎とする社会科学を運動にできる限り利用するのである。といってもそれは決して、自然科学のように技術的に利用しうるわけではない。実践活動の基準として役立つにすぎない。しかしこの基準として役立つということが、重要なのである。いわばそれは無用な暴行を阻止することになるからである。いずれにしろ社会主義の必然性は、社会主義運動の実践自身にあるのであって、資本主義社会の運動法則を解明する経済学が直接に規定しうることではない。実際また資本主義社会の基本的運動法則と共に、その階級性が明らかにされ、しかもそれが従来の諸社会に対し、その一般的基礎を明らかにするものとして、資本主義社会の歴史性として明らかにされることになれば、社会主義運動は、資本主義社会の変革を必然的なるものとして科学的に主張しうることになるわけである。

解　説

伊藤　誠

一　宇野理論の基礎

資本主義経済が深く問いなおされている。一九八〇年代以降の新自由主義のもとで、社会的規制からあいついで解放された資本主義経済は、われわれの経済生活になにをもたらしつつあるか。市場原理主義が約束していた合理的で効率的経済秩序は実現されていない。とくに中枢先進諸国の経済は衰退傾向が著しい。バブルとその崩壊が反復され、働く多くの人びとの雇用が非正規化され、労働条件が悪化し、生活の不安定性を増している。ピケティが『21世紀の資本』(山形浩生・守岡桜・森本正史訳、みすず書房、二〇一四年)であきらかにしているように、富と所得の格差再拡大も顕著にすすんでいる。日本はその典型国とさえみなされている。

なぜこうなるのだろうか。東欧革命(一九八九年)とソ連解体(一九九一年)により、マルクスの思想や理論は過去のものとなり、資本主義は勝利をおさめたはずではなかったか。にもかかわらず、一九九九年のＢＢＣ放送による過去一千年紀の最も偉大な思想家を選ぶ世論調査で圧倒的支持をえたのはマルクスであった。日本でもブラック企業やワーキングプアの実態からも、時代はまさに『資本論』といわれ、マンガまでふくめ、書店にはマルクス・ブームさえ感じられる。実際、世界と日本の経済生活に深まる、先のみえない不安感や不平等拡大の根源に、資本主義経済に内在する歴史的しくみそのものの作用が大きく関与しているのではないか。世界と日本の多くの人びとのあいだに、いま資本主義の原理を体系的に解明したマルクスの主著『資本論』(向坂逸郎訳、岩波文庫、一九六九―七〇年)に、現代の経済秩序とその混迷への考察基準を求め、たちもどって考えてみたいとする意向があらためて広がりつつある。

とはいえ、『資本論』は、容易に読みこなせない規模と内容をもつ大作である。第一巻(一八六七年)はマルクスがしあげているが、第二巻(一八八五年)、第三巻(一八九四年)は、その草稿からエンゲルスが苦労して編集したものであり、利子論のように十分に完成されていないと感じられるところもある。社会科学最大の古典に相違ないが、そのエッセンスをわかりやすく味わえるガイドブックがほしい。大学に入ってすぐクラスの仲間といっしょに『資本論』を読みすすめながら、そう感じていた。そのころに出会ったのが、本書の旧版にあたる『経済原論』(上・下巻、岩波書店、一九五〇—五二年)であり、それにもとづく宇野理論の体系であった。

その創始者宇野弘蔵(一八九七—一九七七年)は、戦前は東北帝国大学助教授として、戦後は東京大学教授として、若い世代の研究者に理論的影響を与え続けた。そこから一群の宇野学派が生まれている。宇野は、その間、『恐慌論』(岩波書店、一九五三年、岩波文庫、二〇一〇年)、『経済政策論』(弘文堂、一九五四年、改訂版、一九七一年)、『経済学方法論』(東京大学出版会、一九六二年)など重要な著作をあいついで執筆している。それらをふまえ、一九五八年以降の法政大学社会学部での毎年の講義にもとづき、円熟期の六六歳の宇野が、旧版『経済原論』を岩波全書版にさらに縮約し、わかりやすくするつもりで書き直して一九六四年に公刊したのが本書である。『資本論』を現代に活かす宇野理論の真髄を示す名著である。

マルクス・レーニン主義を社会主義の基本理念とし日本にも強い影響を与え続けていたソ連型「正統派」マルクス経済学に批判的に対峙し、宇野理論は、つぎのような三つのあい関連する側面を方法論的特徴としてきた。

第一に、マルクスの経済学は、唯物史観やそれにもとづく社会主義イデオロギーを前提に、資本主義経済のしくみを批判的に解明する課題にあてられているとみなしていたソ連型解釈は、イデオロギーと社会科学の役割の相違を不明確にしていないか。唯物史観や社会主義思想は、資本主義経済を自然視するブルジョア・イデオロギーの制約からわれわれの認識を解放しうるが、それだけで資本主義のしくみやその発展の理論的に正確な理解が保証されることにはならない。初期マルクスが、『共産党宣言』(大内兵衛・向坂逸郎訳、岩波文庫、一九五一年)に示されるように、唯物史観による資本主義批判をすでに明確に述べていながら、その後半生をかけて主著『資本論』において、古典派経済学の限界を学問的に突破し、資本主義経済のしくみとその歴史性とを理論的に整合的な体系として解明する作業に集中し続けたのも、そのことを告げている。その成果を示す資本主義経済の理論的考察は、社会主義イデオロギーとは相対的に独立の課題を追究しているのであり、史実と論理にしたがったその学問的妥当性は、当初私もそうであったように、社会主義思想になお共感をもてない者にも、疑いきれない迫力に充ちている。そのような資本主義の学問的認識に論拠をおくことによって、マルクスの社会主義は、それにさきだつユートピア思想と異なり、科学的社会主義となったともいえる。

第二に、『資本論』は、基本的には一九世紀中葉にいたるイギリス社会の発展傾向を延長して、資本家と労働者と土地所有者の三階級のみからなる純粋の資本主義社会を想定し、資本主義経済の原理論を展開する課題にあてられていると考えられる。一九世紀末以降の資本主義の新たな発展段階の様相をめぐり、マルクス以後に生じた修正主義論争を経た帝国主義論の形成過程は、方法論的混乱を多少ともともないつつ、事実上、そのような原理論とは研究次元を異にする、資本主義の世界史的発展段階論を形成しつつあった。宇野は、原理論を考察基準としつつ、資本主義の生成、成長、爛熟を示す発展段階論として、重商主義段階、自由主義段階に続く帝国主義段階の基本を、世界市場における主導的国家の主要産業と支配的資本の商人資本、産業資本、金融資本への変化、およびそれに対応する経済政策の推移にそって体系的に解明する研究を重視し、この次元でのみずからの研究成果を『経済政策論』(前掲)にとりまとめて提示している。

後発的ドイツにおける金融資本の発展が、高度な資本構成をともなう重工業を基礎に、農民層を広範に残存させつつ、帝国主義段階の一典型国となる経緯を、原理論とあわせて考察の基準とすれば、戦前の日本資本主義について、とくに農業問題をめぐり、『資本論』との対比でその封建性を強調していた講座派と、農民の賃労働者への分解傾向を強調していた労農派との論争問題にも、方法論的に整理がつきやすいはずである。

こうして宇野三段階論とよばれる研究次元の区分の方法が示され、第一次大戦以後の世界経済論や日本資本主義論のような現状分析に、『資本論』のような原理論と、それにもとづき帝国主義論を一環とする資本主義の世界史的発展段階論とを考察基準とする体系的整理が示された。それは、『資本論』とレーニンの『帝国主義』(一九一七年、宇高基輔訳、岩波文庫、一九五六年)と日本資本主義分析の研究次元の相違と方法論的関連を明確にする意義をもっていた。

第三に、こうした方法論的整理にもとづき、『資本論』を資本主義経済一般の原理論として位置づけて、その理論構成の純化・整備がすすめられた。そのさい、『資本論』にもところによって残されている、唯物史観の観点から資本主義の生成、確立、死滅の必然性を性急に説こうとする論理の無理は、排除されてよいのではないか。その点をふくめ、ソ連型マルクス主義経済学が、『資本論』のすべてを教条的に擁護しようとしたことは、学問的に『資本論』を尊重するゆえんではないとみなされる。

たとえば、『資本論』が冒頭の商品の二要因論で、労働価値説をただちに説いているのは、論証可能な規定であろうか。オーストリア学派のベーム＝バウェルクの『マルクス体系の終結』(一八九六年)の批判には、当時の限界効用学派からみた無理解もあるにせよ、これに反論したヒルファディングの論稿(一九〇四年、この両者はともにP・スウィージー編『論争・マルクス経済学』玉野井芳郎・石垣博美訳、法政大学出版局、一九六九年、所収)以来の、マルクス学派の通説的反批判も十分な回答となっていない。その反批判は、唯物史観に依拠して、資本主義にさきだち小商品生産者社会を想定して、労働価値説を擁護し、資本主義への発展につれ、費用価格プラス平均利潤としての生産価格に価値が転化する理論構成の妥当性を、いわゆる歴史論理説(歴史社会の変化に依拠する論理)により主張するものであった。しかしそこには、資本主義にさきだち無階級社会としての小商品生産者社会を想定する歴史観においても、資本主義社会の基本法則として労働価値説をもちいている『資本論』の理論構成の解釈としても、ともに疑問の余地が残されていた。

資本主義経済の基本矛盾とその発現をしめす周期的恐慌の必然性をどのように論証するかについても、『資本論』には異なる類型の理論が併存していた。ソ連型マルクス派の強調していた労働者大衆の所得制限による過少消費説が、そのなかでもっとも適切かどうかにも疑問の余地があった。

こうした問題の諸点に検討を加え、『資本論』を客観的な社会科学としての経済学の原理論として純化し完成する課題が、さきのイデオロギーと科学の区分と関連、三段階論の方法とあわせて、重視されたのである。こうした三面にわたる方法論的特徴をともない、宇野理論は、日本が社会科学の分野において世界に誇れる数少ない体系的な貢献を提示してきた。その全体の基礎は、あきらかに『資本論』を経済学の原理論として位置づけて研究し、学問的に純化・整備する作業におかれている。イデオロギーと社会科学との区分と関係の再考も、三段階論への経済学の研究次元の分化の方法も、結局は本書に結実するような、『資本論』を資本主義経済の原理論の位置において、マルクスがめざしていたと思われる方向に体系的に完成させる試みなしには、まったく成り立ちえないところであった。

二　宇野原論の独創性

本書に凝集されている宇野原論は、学問的に多くの点でスリルに富んだ独創性に充ちている。全篇『資本論』に依拠し、そのエッセンスをわかりやすくコンパクトに述べているように読める。にもかかわらず、本書には、いたるところに著者の独創的な問題提起や思索がもりこまれてもいる。スミスの『国富論』(水田洋監訳・杉山忠平訳、岩波文庫、全四冊、二〇〇〇—二〇〇一年)によりつつその理論の純化完成をめざしたリカードの『経済学および課税の原理』(羽鳥卓也・吉澤芳樹訳、岩波文庫上・下巻、一九八七年)の名著としてのオリジナリティーを認めない理論経済学者は少ない。同様に、『資本論』をその一割にもみたないサイズに圧縮した本書も独創的名著として読者をひきつける魅力をながく失わないであろう。

たとえば、巻末索引Bに著者は、「本書で採りあげた『資本論』における問題点」として二四の事項をその該当ページとともに提示している。それらの論点は、それぞれに宇野が生涯をつうじて取り組んでいた『資本論』研究の独自の理論的成果であって、それぞれになお熟考に値する。その多くの論点には、しばしばマルクスのなかにも二つ、あるいは三つの異なる理論的観点が併存している。それはなぜか、またそれらの観点にどのように筋をとおして理論的整理を与えるか。『資本論』に深く学びつつ、そこに残されている問題点に、本書は独自の理論的思索により、解決を与えてゆく学問的挑戦を積み重ねている。そこには『資本論』の教条主義的読解には望みえない、自由で知的な学問的批判精神の活力と魅力が感じられる。ここではそれらの個々の論点に立ち入ることはさけて、それらをつうずる本書の独創的な魅力を以下三点に大きく絞って摘記しておこう。

(1)　本書の方法論と内容

本書の魅力は、なんといっても『資本論』の複雑で雄大な理論的展開のエッセンスをコンパクトにわかりやすくとりまとめているところにある。ところが、マルクスが草稿『経済学批判要綱』のなかで一度は用意した「経済学の方法」を『資本論』では省略しているのに、本書は、逆に経済学の方法にかかわるやや長い「序論」を冒頭においている。

とはいえ、その方法論的「序論」の内容は、本論の展開に適用され支えとなる方法論を提示するといった通常の意味での方法論とはなっていない。むしろ一九世紀中葉にいたるイギリス社会の発展傾向のうちに、三大階級からなる「純粋の資本主義社会」の経済法則を、その特有な機構とともにあきらかにする『資本論』のような経済学の原理論を抽象させる方法論的根拠があることを強調している。それは、社会科学としての経済学が、その考察対象とする資本主義の自律的発展自身から、原理論を抽象する方法を模写しうることを意味している。『資本論』が方法論的序論を不要としているのも、それに深く関わることとみなされてよい。

こうして、考察対象の客観的史実と論理にしたがい経済学の原理論が完結した体系として抽象されることからみれば、唯物史観や社会主義思想は、その方法論的前提とみなさなくてよい。むしろ経済学によってその論拠があたえられる史観や社会思想とみなせる関係におかれうる。と同時に、純粋の資本主義を想定して展開される原理論にたいし、非資本主義的諸生産や国家の政策の役割をふくめ、資本主義の世界史的発展段階論と、各国資本主義ないし世界経済の現状分析が研究次元として区分される必要も明確になる。さらにそれらをつうじ、資本主義に先立つ諸社会の経済史や、経済学の発達をめぐる経済学史などの研究分野にも考察基準が整えられるであろう。

宇野原論の「序論」は、ほぼこうした観点に立って、『資本論』を経済学の原理論の位置において純化し、そのエッセンスをとりだす課題の意義を、経済学のより広い研究分野や、マルクスの歴史観との方法論的関連において考察するところとなっている。本論が『資本論』の雄大な体系を経済学の原理論として純化・圧縮しているために、原理論の抽象方法や、原理論を考察基準とするより広い研究領域、さらには社会思想との体系的関連についての検討が、いっそう不可欠で重要な課題とみなされることにもなっているわけである。その検討は、総じて宇野理論の特徴的方法論の根本を示すところともなっている。

そのさい、原理論の課題は、「資本家と労働者と土地所有者との三階級からなる純粋の資本主義社会を想定して、そこに資本家的商品経済を支配する法則を、その特有なる機構と共に明らかにする」(本書二〇頁)ことにあるとされている。にもかかわらず、本書の展開内容は、そうした純粋資本主義社会内部の考察にとどめられているとは思えない。むしろ『資本論』に学んで、資本主義社会の歴史的特性を、人類史的観点で理論的にあきらかにする雄大な視野を、そのコンパクトな理論構成のなかでも一貫して追究しているところがある。それとともに、資本主義の発生、確立、爛熟にいたる歴史的変容の契機に論及しているところもある。

本書のいわゆる純粋資本主義の方法によるといわれる展開内容は、一九世紀の資本主義の静態的理論モデルとしてではなく、実際には、資本主義経済の歴史的形成・発展全体に深く関わる原理としても提示されているのである。そこには、『資本論』の雄大な体系を、コンパクトな純粋資本主義社会の原理に圧縮しつつ、その展開内容において、人類史全体のなかでの資本主義経済の歴史的意義をその根本から理解させる原理をめざす学問的な深さと味わいがゆたかにふくまれている。比喩的にいえば、それは、みあきない学問的万華鏡の興趣にも感じられる。その独創性の意義をさらに価値論と恐慌論にそくしてみておこう。

(2)　流通形態論と価値論の再構成

本書は、『資本論』第一巻が「資本の生産過程」と題されながら、第一、二篇では、商品、貨幣、資本の形態規定を論じ、その最後に労働力の商品化を歴史的画期として、資本が社会的生産過程を組織するにいたることを明確にして、第三篇以降で資本の生産過程の考察に入る構成をとっていることを重視し、その第一、二篇の流通形態論を純粋な「流通論」として再構成している。マルクスは、古典派労働価値説を継承しつつ、商品の使用価値と区別される価値ないし交換価値を、古典派と異なり、価値の形態と実体とに二重化して規定したうえで、価値の形態規定の展開が、商品経済とそれにもとづく資本主義経済の歴史的特性を明確にするうえで決定的に重要であるとみなしていた。

本書の「流通論」は、古典派には欠落していた、価値の形態規定の展開として、商品が交換を求める価値形態の展開により、貨幣が直接的交換可能性を独占する一般的等価形態の位置に成立し、さらにそのような貨幣を商品経済的富の代表として、流通のなかで増殖させる資本が成立する必然性を、『資本論』にもとづき解明している。それは資本主義の基本をなす、市場経済の主要な構成要素をその細胞形態ともいえる商品の特性から導かれる相互関係にそくしてあきらかにする理論領域をなしている。

そのさい、価値の実体をなす、商品の生産に要する労働の量関係に、さしあたりふれることのない純粋な価値の流通形態としての理論的規定により、商品、貨幣、資本の基本的特性がその相互関係において展開される。それは旧『原論』にはじまる、宇野原論の文字通り独創的な、『資本論』の再構成の試みであった。

労働価値説により生産関係を基本として重視するのがマルクス経済学の唯物史観による特色であると一般には理解されがちである。その観点から、こうした宇野原論の試みは流通主義的偏向であると批判もされた。しかし、商品論の冒頭で労働価値説を社会的な労働の量関係にもとづくものとして、唯物史観によって擁護しようとすると、さきにもふれたように、資本主義に先行して、無階級社会としての小商品生産者社会を想定する無理をおかす解釈におちいり、『資本論』の解釈としても疑問を残すことにもなっていた。むしろ、労働価値説を社会的な経済法則として学問的に論証し理解するには、商品の価値の形態的関連が、労働力の商品化にもとづく資本主義のもとで、初めて全面的な商品経済社会を形成し、あらゆる社会の経済生活の原則をなす労働・生産過程が、全面的に商品価値の形態的関連の背後の実体として編成される歴史社会を、理論的に考察する問題領域にたちいらなければならない。

それは本書では第二篇「生産論」の課題とみなされる。マルクスの価値論に特有な価値の形態規定の展開を、こうして流通形態論に純化し、その背後の価値実体の労働価値説としての考察は、資本の生産過程にそくして提示展開する、本書の再構成は、コペルニクス的発想の転回にさえみえる。しかし、それはマルクス経済学が古典派経済学から継承した労働価値説を軽視するものではまったくない。むしろ、あらゆる社会の経済原則が資本主義社会において経済法則としてあらわれる基本として、労働価値説を論証し、資本による剰余価値の生産関係の基本としてあきらかにする現代的試みでもあった。

資本の生産過程にそくしたその(第二篇第一章第二節での)考察にさいし、本書は、まず労働者が剰余労働をおこなわず、労働力の再生産に必要な生活資料の生産に必要とされる一日あたり六時間の労働を紡績資本家のもとでおこなって、三志《シリング》をえるなら、紡績資本家もその六時間で産出する綿糸六キロに用いられた生産手段としての原料と機械の損耗分にふくまれていた二四労働時間とそれに加えられる六時間とをあわせた三〇時間をふくむ綿糸を一五志で売り、生産手段に用いた一二志と労賃三志を回収する関係(各生産物の生産に必要な労働時間に比例した価格関係)が、生活資料を生産する資本家、紡績資本家、およびその生産手段を生産する資本家間にも成立していなければならない、としている。それは、新リカード学派の始祖スラッファが『商品による商品の生産』(菱山泉・山下博訳、有斐閣、一九六二年)冒頭の章「生存のための生産」で述べた理論モデルとよく似ている。スラッファ以降のマルクス労働価値説をめぐる現代的論争のなかでも、結合生産物の取り扱いなど副次的論点を省いていえば、サムエルソンやスティードマンらの非マルクス学派も、価格理論としては余計な回り道ではないか、と批判はしても、数理的に誤りとはいえないモデルを提示するところといえる。

剰余労働がこれに加わるさいには、価格関係はその背後の労働時間と正比例しなくなるが、本書第三篇「分配論」で扱われる生産価格の体系においても、その費用価格の部分で、商品の生産に必要な生産手段から移転された労働時間と労働者の必要労働部分は、右の事例と同様に補塡しあう論理は貫徹され、それに加えられる平均利潤部分は、社会的には剰余労働の資本の競争をつうずる再配分を示すところとなる。それは基本的には本書が『資本論』から引き継いで述べているとおりといえよう(さらに詳しくは、拙著『価値と資本の理論』(岩波書店、一九八一年)、『伊藤誠著作集』第2巻(社会評論社、二〇一一年)を参照されたい)。

しかもこうした価値の流通形態としての展開と、その背後の社会的実体としての労働の量関係との体系的な再整理をつうじ、本書はまた、マルクスにしたがって「商品が共同体と共同体との間に発生したのと同様に、資本もまた流通市場と流通市場との間に発生するものといってよいであろう。商品、貨幣、資本の流通諸形態は、いずれもかかる外来的なるものの共同体内への浸透として展開されるのである」(四七頁)と指摘している。資本主義経済の基礎をなす商品経済の人類史的由来が理論的に省みられているのである。それとともにそのような外来的な流通諸形態が、労働力の商品化という歴史的前提を与えられたときに、全社会的な規模で、あらゆる社会に共通する労働・生産過程の経済原則を、商品の価値関係の内実として包摂し、資本の生産過程を形成し、経済法則としての価値法則を社会的規模で確立し、剰余労働を資本の剰余価値として取得させる特殊な歴史社会が成立する。そのような価値論の展開は、古典派にも新リカード派にも新古典派にも望みえない。歴史社会としての資本主義の特殊性を人類史的観点であきらかにするマルクス経済学の原理を鋭く再構築している理論の豊かな味わいがそこにも感じられる。

(3)　信用と恐慌の基礎理論

『資本論』は、資本主義経済の運動法則をその特殊な歴史的しくみとあわせて原理的に解明している。それにともない、資本主義を自然で調和的な秩序とみなす古典派や新古典派の経済学と異なり、資本主義に内在する基本的矛盾が周期的恐慌として、法則的に経済秩序の自己崩壊を招く原理にも考察をすすめていた。しかし、この恐慌論は、多分に未完成な領域をなしていた。そこには、大別して二類型、さらにその内部に各二様のあわせて四つの観点が、恐慌の基本原因をめぐり併存していた。すなわち、資本主義のもとでの労働者大衆の消費制限、あるいは無政府的な産業間の不均衡により、商品の過剰生産が拡がることに、恐慌の基本原因を求める商品過剰論の類型が一方に示され、これがむしろマルクス経済学のなかでは有力視されていた。他方で、資本蓄積が、その進行をつうじて過剰化して利潤率を低下させて困難になることに、商品の全般的販売困難を招く恐慌の根本原因があるとみる資本過剰論の類型も示されていた。その内部にも、資本の蓄積が技術進歩にともない労働力に投じられる構成部分を少なくし、その意味で資本構成を高度化する傾向から生ずる利潤率の傾向的低下の法則を重視する観点と、労働力商品の供給制約にたいし、資本蓄積が過剰化して、労賃が騰貴する結果生ずる利潤率の下落に注目する二様の観点が示されていた。

本書は、『資本論』の第一巻における資本の蓄積論、第三巻の利潤論および利子論に再整理をすすめ、それらをつうじ、労賃上昇説的資本過剰論を首尾一貫した恐慌論の原理的基本として読み取り再構成している。そこにもマルクス経済学における通説的恐慌論とは異質の、独創的な理論的試みが示されている。労働力の商品化を不可欠の要件として形成された資本主義経済は、その根本前提とする労働力の商品化に、また恐慌に発現する内的矛盾の根源をおいていると、宇野は洞察しているのである。

実際、労働力の供給に余裕があり、それに依拠して資本蓄積が進行するなら、労働者大衆の消費需要も拡大され、無政府的不均衡も資本の競争を介して調整され、価値法則にしたがい自律的な経済成長が、好況局面には実現される。過少消費説的な、あるいは不均衡説的な商品過剰論は、資本主義がなぜ不断の恐慌状態とならず、むしろそうした好況を周期的に反復し、景気循環の一局面として恐慌を生ずることになるのかにも、十分な説明を与えがたい困難をともなっていた。

好況期には、資本は既存の固定資本を活かして蓄積をすすめうるので、技術の革新による資本構成の高度化もさして必要としないまま、量的拡大に重点をおき、労働雇用を一方的に拡大する傾向が強い。技術革新とそれにともなう資本構成の高度化は、むしろ不況圧力のもとで、固定資本の更新をともない、大規模に実現される傾向が強い。

本書は、こうした好況期の蓄積の特性を重視して、『資本論』の蓄積論が、資本構成の不断の高度化と、それにともなう相対的過剰人口の産出の傾向をやや一方的に強調しているところには是正を求め、それによって好況の末期に労働力商品の不足から労賃が騰貴し利潤率が下落して、蓄積が無意味になる過剰蓄積にいたる必然性を理論的にあきらかにしている。もともと、労働力は資本が生産も増産もできない、主体的人間自身の労働能力をなしている。それを他の労働生産物と同様に商品化して扱う、資本主義のしくみの根本的な無理が、資本の自律的運動に自己破壊的矛盾の発現をもたらす根因とみなされているのである。現実のイギリス産業資本の蓄積の動態としては、海外の諸生産に供給を依拠していた原料綿花などの供給制約も好況末期にそれらの価格上昇をもたらし、利潤率をひき下げていた。その困難も原理的には、資本の内部では生産しえない労働力商品にたいする資本の過剰蓄積に集約して抽象されているとみてよいであろう。

それとともに、好況の進展過程では、諸資本間の遊休資金の相互融通の機構として、弾力的拡張性を発揮し、資本の蓄積と競争を促進する信用制度が、好況末期には、利潤率の低落にともなう資本蓄積の困難を反映して弾力的拡張性を失い、競争的蓄積からの資金需要に十分対応しえなくなり、貸付資本が相対的に不足して、利子率が利潤率とは逆に上昇する。この利潤率と利子率の衝突から、資本蓄積は信用制度の作用を介して、収縮をせまられ、その結果、商品の販売困難と手形債務の支払い不能とが連鎖的に悪循環を深化させて、産業活動も破壊される急性的恐慌が、資本の価値破壊をともない進行する。

こうして、産業資本の過剰蓄積にもとづく困難が、その競争機構の一環をなす信用制度としての金融関係における貸付資本と利子率の変動に転化され、その社会的規制をうけて、恐慌に転化するしくみを重視しているのも、周期的景気循環論の一局面に恐慌を位置づけて考察していることとあわせて、本書の恐慌論の重要な貢献をなしている(さらに詳しくは著者の『恐慌論』(前掲)もあわせて参照されたい)。それは価値論における流通形態論の純化にも通底する、恐慌論における本書の優れた理論的特徴と考えられる。

三　現代に活きる古典

本書は、『資本論』にもとづき、資本主義とはいかなる経済システムか、その基本原理をみごとに圧縮された独自の理論体系として解明している。まさに現代に活きる古典として、『資本論』を読んでいる読者にはもとより、初学者にも資本主義とはなにかを考え、理解するために広くおすすめしてまちがいのない著作といえる。関根友彦氏の流麗な英訳（*Principles of Political Economy*, Havester Press, 1977）により、本書はすでに世界のマルクス派にも古典的名著として広く認知されている。

はじめにも述べたように、いま世界中で、マルクスによる資本主義の基本原理の考察にたちもどり、とくに働く多くの人びとにきびしいさきのみえない雇用条件の劣化、不安定性の増大、格差の拡大の意義を現代的文脈のなかで再考する関心が広がっている。そこには資本主義中枢諸国にことに深刻な閉塞感を深部から理解し、克服する現代的可能性を探ろうとする西欧マルクス・ルネッサンスの影響も多分にふくまれている。その関心の拡大はマルクス派内部にとどまるものではない。ピケティもそれを分有しているといえよう。

もっとも、本書の著者は、『資本論』により、独創的再構成の試みをすすめた「純粋の資本主義社会」の原理論を、世界や日本の現状分析に直接に適用することには、むしろ禁欲的であった。現状分析にさいしては、むしろいったんは原理論を忘れて、とさえ示唆してもいた。それは宇野三段階論の方法によって、原理論とともに、資本主義の世界史的発展段階論を考察基準とする必要を強調したためとも理解できる。しかもその発展段階論では、農民などの非資本主義的諸生産や国家の政策の役割が重視され、ことに一九世紀末以降の帝国主義段階への移行にともない、資本主義はそれ以前のイギリスにみられた純粋化傾向を鈍化、逆転されたとみなされていた。

その延長上に、第一次世界大戦を契機とするロシア革命（一九一七年）により成立したソ連型社会主義の成長が第二次世界大戦を経て東欧その他諸国にも拡大されて、冷戦構造を形成し、資本主義は社会主義に対抗する緊張関係におかれ続けていた。宇野によれば、戦後の資本主義が管理通貨体制によるニューディール型の社会民主主義的雇用政策を重視していたのも、社会主義に対抗する資本主義の歴史的位置に規定されてのことであった。

たしかにこうした観点は、戦後資本主義世界のアメリカを中心とする復興と高度成長を大きく規定していた冷戦構造の枠組みを理解するうえでも、重要な意義を有していた。しかし、宇野がマルクス没後に生じた資本主義の発展にてらし、『資本論』を活かす道を方法論的に模索したように、われわれは、宇野没後に生じた世界史の転換から、宇野原論の活かし方をあらためて再考してみなければならない。それは興味ある重要な知的挑戦課題でもある。あい関連したいくつかの論点がそこに浮上している。

第一に、宇野はソ連型マルクス主義の発想や理論に学問的に批判的に対峙していながらも、ソ連型社会の諸問題はやがては是正されてゆき、社会主義への世界史的移行は冷戦構造をつうじ進展してゆくものと期待していた。ソ連型社会の崩壊は予想していたとは思えない。そこからふりかえれば、ソ連型社会の成立、成長、崩壊を、社会主義市場経済を標榜する中国の体制改革の意義とあわせて、どのように理解すべきか、宇野理論の観点からみても欠かせない検討課題をなしている。

労働力の商品化の無理を資本主義経済の矛盾の根源とする、宇野の恐慌論にも示される特徴的見解は、こうした課題やそれをつうずるこれからの社会主義の現代的構想に、どのように活かしてゆけるか。『伊藤誠著作集　第6巻　市場経済と社会主義』(社会評論社、二〇一二年)などにおいてもみたように、すでに若干の検討は試みられてはいるが、ソ連型社会の失敗をいかに総括し、資本主義に代わるオルタナティブをいかに構想しうるか、本書にもとづきさらに考察を重ね合わせてゆきたいところである。

第二に、一九七〇年代初頭までの戦後の高度成長から、その後の連続的な危機と再編の時代への資本主義中枢諸国に生じている大規模な変転は、なにを意味しているか。たとえば、その発端をなした第一次オイルショックをふくむインフレ恐慌は、ほんらいの資本主義の原理的作動からみればむしろ「不純」で、外的なインフレ政策のゆきすぎや周辺資源産出国の政治的結束による打撃にもっぱら由来していたのであろうか。ここにも興味ある論点が残されている。

その後の経緯にてらすと、OPEC（石油輸出国機構）のような結束も、資源価格維持に困難を生ずる局面もあり、通貨信用膨張政策もデフレを容易に解消できないこともある。一九七〇年代初頭にインフレが悪性化し重大な経済危機が生じたのは、むしろ高度成長の長期好況の末に、中枢諸国の資本蓄積が国内の労働力商品と世界市場における一次産品の供給余力の制約にたいし過剰化して、労賃と一次産品価格の高騰とによる利潤圧縮をその蓄積体制内部から生じていたことに由来するところが大きかったのではないか。

それはまさに宇野原論の重視していた古典的恐慌に通底する資本主義の原理的矛盾の端的なあらわれを示していた。むろん、その内的矛盾の発現様式は、ブレトン・ウッズ国際通貨体制の崩壊にともなう通貨信用膨張により、古典的恐慌とは逆のインフレの悪性化のすがたをとっていた。

こうした経済危機の発現は、高度成長期まで資本主義世界の支配的な教義となっていたケインズ主義的理論と分析では予想も理解も困難で、ケインズ主義的財政・金融政策は、その危機を予防も緩和もしえず、むしろ逆進的にインフレを激化する役割を果たし、大きく威信を低下させる。その結果、一九八〇年を境に、主要資本主義諸国の経済政策の基調は、新自由主義に転換した。

そこで第三に、市場原理主義により社会的諸規制から資本の自由な競争的活力を解放する新自由主義の政策潮流の意義や作用をどのように理解すべきか。それも現代資本主義をめぐる大切な争点をなしている。それは広義の新古典派経済学の内部でいえば、ケインズ主義的マクロ経済学にたいする反ケインズ的ミクロ経済学への政策基調の論拠の反転を意味していた。しかし、そのような発想の転換は、どのような経済実態の変化に基礎をおいて定着してきたのであろうか。

そこには、宇野原論の強調する不況期の技術革新が現代的には情報技術の高度化と普及にもとづき、長期にわたり広範な打撃を生じていることが見逃せない。情報技術によりオートメーション化された職場には、安価な非正規のことに女性の雇用が広がり、同時に資本主義企業は海外の安価な労働力を求めて多国籍化をすすめている。それは日本をふくむ中枢資本主義諸国が、長期にわたる不況基調のなかで、競争圧力を相互に増しつつ、内外に動員可能な安価な産業予備軍を再形成しつつある動態と読むことができる。それによって、一九七〇年代初頭に生じた労働者に有利な局面が、大規模に反転されているのである。

それとともに、資本の自由で競争的な活動に経済の効率的で合理的な再生への期待がかけられ、そのような市場原理主義により、公企業の民営化がすすめられ、医療、教育、年金への公的支援が削減されて、個人責任が強調される傾向が顕著となった。ソ連型社会主義のゆきづまりと崩壊も、こうした新自由主義をさらに促進する契機となった。

こうした新自由主義のもとで、経済生活は安心のゆく再生への道をたどっているとはいえない。むしろ資本主義経済が本来的に内在させている自己崩壊を反復せざるをえない不安定性を、バブルとその崩壊として現代的に顕在化させ、そのもとで働く人びとの大多数にきびしい格差拡大をもたらし、自然環境破壊にも有効な対処が容易にみいだせない閉塞感が強い。

現代世界の深い歴史の危機のなかで、ソ連型社会の挫折とそれに代わりうる構想の模索のためにも、また、資本主義の高度成長の終焉とその後の新自由主義のもとでの閉塞状況の考察のためにも、宇野が示唆していたように、現状分析にはいったん原理論は考慮の外において、といってはいられない思いがつのる。むしろ本書で宇野が『資本論』にもとづき、終始労働力の商品化の規定を重視しつつ凝縮して示した資本主義経済の原理が、そこに洞察されている資本主義の歴史的特性と内的矛盾とともに、現代世界の危機の考察への手がかりとして適切に活かされてよい時代となっているといえよう。それだけに、ともに国家主義的モデルとして挫折した二〇世紀型の社会主義と社会民主主義に対する二一世紀型オルタナティブを再構築して、新自由主義のもとでの深い閉塞感を克服してゆく道もまた、本書のような原理論を基礎として、はじめて確実に拓かれてゆくにちがいない。

二〇一五年一〇月

〔編集付記〕

本書は宇野弘蔵著『経済原論』(岩波全書259、一九六四年五月刊)を文庫化したものである。底本には、第四四刷(二〇一四年五月刊)を使用、『宇野弘蔵著作集 第二巻』(岩波書店、一九七三年一一月刊)も参照した。

文庫化にあたっては、著作権継承者のご了解を得て、著者名表記を宇野弘蔵とした。また、本文中で難読と思われる漢字を一部ひらがなに直したり、読み仮名を付すなどの整理をおこなった。

今回、『資本論』からの引用箇所については、向坂逸郎氏による岩波文庫新訳版(一九六九―七〇年)における巻数、頁数を示した。

(岩波文庫編集部)

読書子に寄す

――岩波文庫発刊に際して――

岩波茂雄

真理は万人によって求められることを自ら欲し、芸術は万人によって愛されることを自ら望む。かつては民を愚昧ならしめるために学芸が最も狭き堂宇に閉鎖されたことがあった。今や知識と美とを特権階級の独占より奪い返すことはつねに進取的なる民衆の切実なる要求である。岩波文庫はこの要求に応じそれに励まされて生まれた。それは生命ある不朽の書を少数者の書斎と研究室とより解放して街頭にくまなく立たしめ民衆に伍せしめるであろう。近時大量生産予約出版の流行を見る。その広告宣伝の狂態はしばらくおくも、後代にのこすと誇称する全集がその編集に万全の用意をなしたるか。千古の典籍の翻訳企図に敬虔の態度を欠かざりしか。さらに分売を許さず読者を繫縛して数十冊を強うるがごとき、はたしてその揚言する学芸解放のゆえんなりや。吾人は天下の名士の声に和してこれを推挙するに躊躇するものである。このときにあたって、岩波書店は自己の責務のいよいよ重大なるを思い、従来の方針の徹底を期するため、すでに十数年以前より志して来た計画を慎重審議この際断然実行することにした。吾人は範をかのレクラム文庫にとり、古今東西にわたって文芸・哲学・社会科学・自然科学等種類のいかんを問わず、いやしくも万人の必読すべき真に古典的価値ある書をきわめて簡易なる形式において逐次刊行し、あらゆる人間に須要なる生活向上の資料、生活批判の原理を提供せんと欲する。この文庫は予約出版の方法を排したるがゆえに、読者は自己の欲する時に自己の欲する書物を各個に自由に選択することができる。携帯に便にして価格の低きを最主とするがゆえに、外観を顧みざるも内容に至っては厳選最も力を尽くし、従来の岩波出版物の特色をますます発揮せしめようとする。この計画たるや世間の一時の投機的なるものと異なり、永遠の事業として吾人は微力を傾倒し、あらゆる犠牲を忍んで今後永久に継続発展せしめ、もって文庫の使命を遺憾なく果たさしめることを期する。芸術を愛し知識を求むる士の自ら進んでこの挙に参加し、希望と忠言とを寄せられることは吾人の熱望するところである。その性質上経済的には最も困難多きこの事業にあえて当たらんとする吾人の志を諒として、その達成のため世の読書子とのうるわしき共同を期待する。

昭和二年七月

経《けい》済《ざい》原《げん》論《ろん》

2016年1月15日　第1刷発行
2024年3月5日　第10刷発行

著　者　宇野弘蔵《うのこうぞう》

発行者　坂本政謙

発行所　株式会社 岩波書店
〒101-8002 東京都千代田区一ツ橋2-5-5

案内 03-5210-4000　営業部 03-5210-4111
文庫編集部 03-5210-4051
https://www.iwanami.co.jp/

印刷・理想社　カバー・精興社　製本・松岳社

ISBN 978-4-00-341512-2　Printed in Japan

索　引

A　主要事項別

ア 行

一物一価の原則
　—— 172
　価値の社会的性格の貫徹の仕方としてのこの原則 198
一般的価値形態 35
一般的等価物 35
インフレーション 44
運輸の費用
　——と価値規定 101
　——と人間の輸送 102
運輸労働
　——と商業労働との相違 231-2

カ 行

回転
　資本の—— 48
回転速度(率)
　資本の—— 102-4
　実務的なる——の計算方法 105
　可変資本の—— 105
価格
　——形態 37
　——の単位 38
貸付資本
　——の源泉としての遊休貨幣資本 214-6
　——利子 218-9
価値
　商品の積極的要因としての—— 30
　——形成過程 64-5
　——増殖過程 70-1
価値形態 31
　簡単なる—— 31
　拡大されたる—— 35
　一般的—— 35
価値生産物(v+m) 147
価値法則
　—— 65
　労働者と資本家との関係としての—— 72, 166
　——の絶対的基礎 128
　——の法則性の根拠 141
　——に対する使用価値の制約

141-3
価値の生産価格化による――の変容 166
資本家的商品経済における――の展開と貫徹の仕方 169
金貸資本(G……G′)
資本の三形式の一つとしての―― 50
株式
資本の商品化の具体的形式としての―― 237-8
株式会社制度
――の産業における普及 239
貨幣
価値の尺度としての―― 39
流通手段としての―― 41-4
資金としての――44-6
――の貯蓄(蓄蔵)(退蔵) 44
支払手段としての―― 45
世界―― 47
貨幣市場
商品としての資金の市場としての―― 218-9
貨幣資本の循環 98
資本の循環運動を代表するものとしての―― 102
可変資本 76
機械
――の原動機, 伝動機, 作業機の区別 86
――の資本家的使用 89
機械的大工業
―― 83
――の時代 85
企業利潤
利潤の――と利子とへの分化 233
擬制資本 238
協業 82, 85
恐慌
――の根本的原因 120
――の周期性の根拠 185
――の必然性 192
――爆発の直接的原因 225
――と商品の過剰生産 225
虚偽の社会的価値 197
金
貨幣としての―― 36, 144
貨幣としての――の補給 110
貨幣材料としての――の再生産 137, 140
銀行 216
銀行券
――発行の基礎 45
――発行と手形の割引 222

——発行の中央銀行への集中とその規制　222
銀行資本
流通費用節約と——　106
——の役割　154, 218-9
銀行信用
——と商業信用　216
銀行説
銀行券に関する学説としての——　223
金平価　42
金融資本
——の規定と原理論　23, 239
金融論
——と原理論　22
経済史
——と原理論　15, 23
経済の原則
——と価値法則　12, 139
ケネーの経済表
——と資本の循環形態　99
現状分析
経済学研究の窮極目標としての——　23
建築地地代　213
原料　60
原理論的研究
経済学研究における——　20, 23
交換価値
価値形態としての——　30
好況期
景気循環過程における——　120
鉱山地代　213
効用学説　142
高利貸資本　50
国内市場
——の形成　86-8
国民経済　87
国民所得
いわゆる——　148
個数賃銀　91
固定資本　103
——の更新　185
——の更新と周期的恐慌　191
古典経済学
——の限界　16
——の根本的欠陥　242

サ 行

差額地代
——第一形態　200-1
——第二形態　201-3
——の両形態の資本に対する関係　206
差額地代第一形態

――と優良地から劣等地へのいわゆる下向序列との関係　203
差額地代第二形態
――と収穫逓減の法則　203
搾取
――と収奪との相違　84-5
産業革命
イギリスにおける――　86
産業資本
資本の形式としての――　51
段階論的規定としての――　240
残業手当
労働強化の手段としての――　92
産業予備軍
――相対的過剰人口との関係　119-22
『資本論』のあげる――の諸形態　122-6
資本の発展と――の大きさ　125
三位一体
ブルジョア社会の――　155, 241-3
時間賃銀
賃銀の具体的形態の一つとしての――　91
資金
商品経済的富としての――　44
――の商品化　219-26
市場
――における売手買手の競争　175-6
市場価値
――論の生産価格論との関係　173-4
――の一般的規定　174
――規定における需要の役割　178
市場生産価格(市場調節生産価格)
生産価格に代わる――178
差額地代形成の前提としての――　200
支払手段
――としての貨幣　45
支払労働
不払労働に対する――　90
紙幣
流通手段に代わる――　43
――流通に特有なる現象　43
資本
――への貨幣の転化　46
――の三形式　48-51
――概念の常識的表現として

の生産手段　241-2
資本家の活動
——と価値の形成　236
資本市場
——と貨幣市場との区別　237-8
資本主義社会
——と商品経済　27
——としての特殊の社会的発展の根拠　54
——に特有なる人口法則　59, 120
——の階級性　240
資本の回転
——と利潤率　48, 162-3
資本の過剰
恐慌の根本原因としての——　185
——と信用関係　224
資本の原始的蓄積
近代的無産労働者の大量的出現と——　53
資本の構成
資本の価値構成　118
資本の技術的構成　118
資本の有機的構成　119
——と利潤率　162
——の高度化と利潤率の低落　182-3
資本の商品化
擬制資本としての——　237-8
資本の蓄積
——と追加労働　116
社会主義
——と経済学　24, 244
社会政策論
——の経済学における位置　22
収穫逓減の法則
——と差額地代　203
修正派
マルクス主義運動における——の発生　19
集積
資本の——　119
収奪
問屋制度による——的利益　83
——と搾取との区別　84-5
集中
資本の——　119
純所得
自由に処分せられるものとしての——　147
使用価値
商品の二要因の一つとしての——　30

償却資金
固定資本の——　103-4
商業
——における流通形態的倒錯性　232
商業資本
——の役割　154, 227-31
——と商人資本との区別　229-31
商業信用
手形による売買としての——　215
商業利潤
——の源泉　228-30
商業労働
——と資本　231
譲渡利潤
商人資本的利潤観としての——　232-3
商人資本
資本の原始的形態としての——　27, 47-51
——の利潤　50
商人資本の投機的活動
——と恐慌　233
消費過程
——としての労働力の再生産過程　111, 114-5
商品経済の物神崇拝
——の根拠　73
——の完成　240
商品資本の循環
資本の運動の一面としての——　98
商品の過剰生産
——と恐慌　225
剰余価値
商人資本の形式における——　48
——の生産　71
——の実現のための貨幣　108-10
——の利潤，地代，利子としての分配　151-2
剰余価値の流通
資本の流通過程に附随する——　105-7
——と単純再生産並びに拡張再生産　106-7
剰余価値率 $\frac{m}{v}$
労働者と資本家との基本的関係としての——　78
剰余生産物
——の処理の仕方の相違と歴史的諸社会　63
所得
資本家の——と労働者の　146

信用貨幣
——の発生の基盤　45
生活水準
労働者の——の歴史的決定　127
労働者の——向上の可能性　186
政策論
——の方法　21-2
生産価格
価値の——への転化　155
価値の——化と労働者と資本家との関係　165
賃銀の騰落による——の変化　166
貨幣としての金における価値の——化　167
再生産表式と価値の——化　169-70
生産過程
——の抽象的規定　60-2
生産過程の二要因
——としての生産手段と労働力　60
生産期間
流通期間に対立する——　94
技術的に決定される——　100
労働の行われない——　104
生産資本
流通資本に対立する——　98
生産資本の循環
資本の運動の一面としての——　98-9
生産手段
労働対象と労働手段とを一括するものとしての——　60
生産的消費
生産過程における生産手段，労働力の——　112
生産のための生産
——としての資本家的拡張再生産　117
生産費
生産要素の購入費としての　92, 94
生産方法の改善
——の資本主義的動機　120
生産力の増進
労働の——の資本家的動力　63
正統派
マルクス主義運動における——の限度　19
世界貨幣
——の国際間の授受による貨幣量の調節　47
絶対地代

——の資本に対する関係 207-8
——と独占地代との区別 208
——成立の基礎と限度 209
絶対的剰余価値の生産
資本の価値増殖の基礎としての—— 78
潜在的過剰人口
農村に形成される産業予備軍としての—— 123
相対的過剰人口
生産方法の改善によって生ずる資本にとっての—— 119
相対的価値形態 32
相対的剰余価値の生産
必要労働時間の短縮による剰余労働時間の延長としての—— 80
それ自身に利子を生むものとしての資本
資本家的商品経済の物神崇拝性の完成物としての—— 155, 240
——と利子率 237

タ 行

段階論的研究
経済学における—— 20-3
蓄積資金 115
地代
剰余価値の分与としての—— 152
超過利潤の——化 196-7
土地の豊度の差に対する位置の差による—— 213
抽象的人間労働
有用労働に対し商品価値形成の基礎をなす—— 61-2
鋳造価格 41
超過利潤
市場価値規定による——の一般的規定 174
特別剰余価値としての—— 180
——地代化の落流による例解 195-7
——地代化の農業による一般的説明 199-205
通貨説
イングランド銀行券発行を規制する銀行条例の基礎をなした—— 223
帝国主義論
マルクス経済学の—— 19
停滞的過剰人口
商業予備軍の第三部類として

の——　123
手形の割引
銀行信用を代表するものとしての——　216
等価形態　32
投機
——と恐慌　225
特別剰余価値
生産方法改善の動力としての——　80
——としての超過利潤　180
不況期の合理化の目標としての——　185
——と地代化する超過利潤との相違　196-7
土地国有論
資本主義社会における——　212
土地資本　209
土地私有制
——の一般的前提　193
後れて資本主義化した国における——　195
——と資本家的商品経済　212
土地の商品化
——　212-3
——の前提　238
問屋制度
資本主義初期の商人資本による——　83

ハ 行

薄利多売
——と商業利潤　232
費用価格
——概念　157-8
不況期
恐慌後の——　120
——における固定資本の更新　186-7
不生産的消費
資本から見た労働者の——　114
普通教育
資本主義社会における——の発展　128
物神崇拝
商品経済の——的性格の根拠　73
商品経済の——的性格の完成　240
不払労働
支払労働に対する——　90
不変資本
可変資本に対する——　76
分業
マニュファクチュアの基礎とし

　　ての――　82
分配論の対象　149
平均利潤　162
変態
　資本の――　48
保管のための労働
　――と商業労働との相違
　　231-2
保管の費用
　――　100
　商品経済の発展による――の
　　変化　102
補助貨幣　42
補助原料　60

マ 行

マニュファクチァ
　――　82-5
　マルクスのいわゆる本来の
　　――時代　84, 87-8
無政府的生産
　商品経済の――と価値法則
　　177

ヤ 行

唯物史観
　マルクスの――と経済学　10,
　　15, 55
有効需要
　――と供給　178
有用労働
　労働の二重性の一面としての
　　――　61-2

ラ 行

利子
　剰余価値の分配分としての
　　――　152
　――の根源と貨幣市場　218-
　　9
　資金の一定期間の使用の代価
　　としての――　219
利子付資本
　G……G′としての――　214
利子率
　金貸資本の――　50
　貨幣市場における――の決定
　　219
　一般的利潤率均等化の補足物
　　としての――　219
　――の変動　226
利潤
　――概念　48
　剰余価値の――への転化
　　151
利潤率　48
利潤率低落
　――の傾向的法則　182-4

流通期間
　—— 94
　——の不定性　100
　——と資本の価値増殖　105
流通資本
　——と生産資本　98-9
流通手段
　——としての貨幣とその量　43
　——としての貨幣量の金の生産による調節　143-4
流動資本
　——と固定資本　103
流動的形態の過剰人口　122-3
労働過程　60
労働期間
　生産期間の一部分としての—— 102
労働手段　60
労働賃銀
　労働力商品の代価としての—— 89
　——の一般的運動　126
労働の二重性
　労働生産過程における—— 61-2
　商品の生産における—— 62
労働日
　—— 78
　——の標準化　81
労働力商品の価値規定
　——の特殊性　113-4
労働力の再生産
　資本主義社会における—— 148
労働力の商品化
　資本主義的生産の基礎としての—— 52-3

B　本書で採りあげた『資本論』における問題点

価値実体論　25
価値形態論　31, 34
貨幣形態　37
「商品の変態」　49
労働の二重性　62
価値法則の論証方法　66–70
資本の流通過程論の方法について　95–7
資本主義に特有なる人口法則の展開について　121–2
いわゆる窮乏化法則　125–6
商業利潤論の位置　153
利子論と商業利潤論との関係　153
市場価値論　175
特別剰余価値の源泉としての「強められた労働」　181–2
利潤率の傾向的低落の法則に反対に作用する諸要因について　184
恐慌の根拠としての資本主義社会の矛盾について　187–90
資本の過剰の解消の仕方について　189–90
生活水準の歴史的規定　190
土地私有制と資本主義　193–5
「競争論」の問題　211–2
手形割引に関するマルクス，エンゲルスの見解　216–8
利子論における資本の商品化と貨幣の商品化との同一視　220
利子論の前提としての「貨幣資本家」と「機能資本家」　220–2
商業資本論と利子付資本論との関連　227
社会主義の必然性の論証について　244–6